Les réflexions d'un « *déraciné* »

Jean Bonhomme Milfort

ESSAI

En hommage à mon épouse Nadia et à mes enfants pour leur infatigable appui.

Ces lignes sont dédiées surtout à ceux et celles qui sont opprimés ou tourmentés par la violence et l'injustice, à ceux et à celles qui souffrent amèrement de l'exil, également aux déplacés forcés, aux indignés, aux réfugiés à travers le monde, aux sans voix.

Ce livre est édité en mémoire de ces migrants : enfants, femmes et hommes lesquels, en quête d'une vie meilleure, ont fait naufrage en Méditerranée ou dans la mer des Caraïbes.

Remerciements

Je tiens à exprimer mes vifs et sincères remerciements à ma feue tante Mme Louis Chéry née Rosalie Milfort pour sa grande contribution à tous égards dans ma vie.

Également à mes trois amis W. François, M. Pinette et J. St-Fleur pour les conversations si enrichissantes que j'ai eues avec eux depuis des années sur certains aspects de ce livre.

À mon ami et frère qui a lu le manuscrit et m'a grandement aidé de ses commentaires.

À mes soeurs : Marie Josuée, Rose, Mireille et Micheline

À mon cousin Dreyfus Milfort pour ses remarques pertinentes concernant la conformité des expressions créoles.

Les réflexions d'un « *déraciné* »

Publié par : Jean Bonhomme Milfort

Lehic111@gmail.com

ISBN : 978-2-9816505-0-4

Dépôt légal

Bibliothèque et Archives nationales du Québec 2017

Prologue

Un nouveau livre sur Haïti... Pourquoi ? Quoi de neuf qui n'a pas été dit ou essayé jusqu'ici ! Existe-t-il encore des propositions à faire ou de nouvelles façons de voir les choses ? N'avons-nous pas tout exploré ? Pourquoi notre pays est-il encore considéré après plus de 200 ans d'indépendance comme un pays sous-développé ? Pourquoi les résultats escomptés ne sont-ils pas au rendez-vous ? Y-a-t-il encore de l'espoir pour des lendemains meilleurs ? Pouvons-nous encore rêver ? Tracassé, dérangé par ces interrogations, l'auteur vous livre ses réflexions et invite le lecteur à cheminer avec lui dans l'explication des enjeux et dans la recherche de réponses adéquates.

Qui est l'auteur ?

Jean Bonhomme est né et a grandi en Haïti. C'est là-bas, qu'il fit ses études classiques avant d'être admis à la Faculté des sciences de l'Université d'État d'Haïti. Il sortit de là avec son diplôme d'ingénieur en électromécanique.

Il a travaillé par la suite à l'Électricité d'Haïti(EdH) et décelant que la communication passait difficilement entre les administrateurs et les techniciens, il décida de poursuivre ses études en gestion d'abord à l'Institut d'administration, de gestion et des hautes études internationales (INAGHEI) en Haïti puis à la Faculté des sciences de l'administration de l'Université Laval (Québec) où il obtint son MBA.

De retour au pays, il enseigna, tout en poursuivant sa carrière à l'EdH, certaines disciplines de la gestion dans différentes écoles de gestion spécifiquement à l'INAGHEI.

Forcé, malgré lui, de prendre l'exil avec sa famille au début des années 90, Jean Bonhomme s'installe au Québec et débute une nouvelle carrière d'abord comme enseignant dans des écoles au Québec puis comme gestionnaire au sein de la fonction publique canadienne.

C'est durant cette période en terre étrangère que Jean Bonhomme va débuter ses réflexions qui l'amènent à se poser cette simple question : *Pourquoi suis-je en Amérique ?* La réponse jugée difficile, compliquée et multiple va donner naissance aux lignes de ce livre qui se veut un cadre offrant de nouvelles pistes de réflexions sur les causes qui minent le développement durable d'Haïti tout en nous proposant également d'explorer d'autres façons susceptibles de conduire à des solutions constructives.

Ce livre a le mérite de poser sans filtre les questions essentielles sur les enjeux cruciaux auxquels le pays fait face depuis plus de deux siècles. Les contourner, c'est faire preuve d'aveuglement volontaire. L'auteur invite surtout les jeunes, les hommes et les femmes de sa génération à prendre connaissance du contenu dont le but avoué est de brasser les idées, de définir d'autres cadres de référence et permettre aux autres d'enrichir objectivement le débat et les discussions par leurs analyses et réflexions.

Le livre est bien documenté. En témoignent l'abondante recherche et la rigueur intellectuelle présentes tout au cours de l'œuvre.

Je vous souhaite une bonne lecture.

Nadia Bretous

Table des matières

Les réflexions d'un « *déraciné* »   1

  Pourquoi suis-je en Amérique et non au milieu de mes compatriotes restés en Haïti ?   1

Diagnostic des éléments jugés nuisibles à notre avancement   8

  La violence   9

  L'injustice   20

  Le mensonge   28

  Lien de confiance   35

La culture peut-elle aider ?   41

Peut-on éviter ces sujets dans notre recherche de solutions ?   47

Considérations sur les voies et moyens à explorer   48

  Plaidoyer pour un vrai dialogue national constructif   48

  Pourquoi ?   59

  Les avantages du dialogue national   63

Dialogue national : le cadre de travail   66

  Les prérequis   66

Démocratie et bonne gouvernance   66

  La démocratie, de quoi s'agit-il ?   67

  La démocratie et l'économie de marché   73

La bonne gouvernance   76

  Pourquoi en parler aujourd'hui ?   79

  Qu'entend-on par BONNE GOUVERNANCE ?   80

  La bonne gouvernance comme pratique incontournable   83

  Les barrières empêchant la mise en place d'une bonne gouvernance en Haïti 86

Hommage aux aînés   93

Bibliographie   101

Articles consultés   103

Les réflexions d'un « *déraciné* »

Pourquoi suis-je en Amérique et non au milieu de mes compatriotes restés en Haïti ?

J'écris ces lignes en réponse à une question qui agite continuellement mon esprit depuis le jour où je me suis retrouvé sous d'autres cieux loin de mes racines et de ma terre natale bien-aimée : Haïti. Je suis habité par la peur d'oublier mes références géographiques et je deviens triste à l'idée de ne plus revoir mes amis. Les souvenirs de mon pays s'amenuisent lentement mais sûrement dans mon esprit au fur et à mesure que les années s'évanouissent. L'éloignement a eu raison de mes rêves et de mes projets. Ai-je cessé de vivre vivant ? Ce n'est pas une fatalité en soi d'être relégué dans un autre pays puisque ce n'est pas la première fois que des êtres humains bougent d'un point à un autre sur notre globe. L'histoire humaine regorge d'exemples de migration. Mais, le plus dur est de migrer contre son gré, sans planification véritable et dans de douloureuses situations, sans ressources et maintes fois dans le chaos. Pensons un instant à l'odyssée des migrants de la Méditerranée. Pensons un moment à ces déplacés qui se sont retrouvés malgré eux dans les camps de réfugiés en Afrique, au Moyen-Orient et ailleurs dans le monde, pensons à leur douleur plurielle et à leur tribulation multiple. Je vis dans le désespoir de ne plus revoir le bleu différencié de la mer, le champ des cultures ou la beauté que m'offrait le coucher majestueux du soleil à Jérémie[1]. La nostalgie ainsi que l'impuissance de changer ou d'améliorer les choses me rongent.

Si j'ai pu survivre à la tourmente politico-sociale, laquelle s'accroche comme un boulet de galère au pied de la mère Patrie, je dois reconnaître que ce grand et généreux pays au-dessus du 60ᵉ parallèle a ouvert ses bras pour m'accueillir

---

1 Ville côtière au Sud-ouest d'Haïti

ainsi que ma famille. Un pays où il y a beaucoup d'eau. C'est un pays riche et béni d'un océan à l'autre. Durant toutes ces années en terre d'accueil, j'essaie de compenser la douleur de l'exil par l'apprentissage des valeurs comme la liberté, le respect de l'autre et de son opinion, le droit de parler et de donner son avis, le droit de circuler librement d'une ville à une autre, du nord au sud et vice versa, aller et venir où bon me semble sans vivre dans l'anxiété de me faire kidnapper ou être assassiné chez moi ou en pleine rue (cela pourrait arriver mais la probabilité est mince). La liberté a un goût sucré. Je ne cesserai de répéter avec Antoine Dupré, « *Liberté, liberté vierge chérie, quand mon œil s'ouvrit au jour, pour t'aimer j'aimai la vie et toi seule eut mon amour* ». Cette liberté, je l'ai expérimentée en Amérique. Cette liberté, surtout celle de l'esprit. À mesure que l'homme est plus éduqué et instruit, plus il devient libre. La connaissance le libère de l'esclavage psychologique et de l'esclavage tout court.

Cette liberté qui mérite d'être encouragée ne m'a pas empêché de penser à mes semblables qui vivent à l'intérieur de nos vingt-sept mille sept cent cinquante kilomètres carrés, ni m'empêcher de me poser journellement cette simple question : *Pourquoi suis-je en Amérique et non au milieu de mes compatriotes ?* Question d'apparence anodine mais lourde de signification pour ceux et celles qui pensaient ou qui croyaient comme moi faire œuvre utile pour ce coin de terre qui nous a vus naître. Ils ne jurent que par Haïti. Physiquement, nous sommes outre frontière mais notre esprit et notre cœur sont restés là-bas au pays des mangues et des avocats. Pour dire vrai, je n'ai pas de réponse spécifique à cette question. Je ne peux seul répondre à cette question. Trop de facteurs endogènes et exogènes sont à traiter en même temps et dans certains cas de façon séquentielle pour trouver des pistes de réponse dans cette nébuleuse. La réponse est collective. Il suffit de s'y attarder de bonne foi à sa recherche. Elle ne peut pas être l'œuvre d'un seul ou

2

d'un petit groupe. Je crois, comme peuple, le moment est venu d'instaurer un vrai dialogue national entre les acteurs des différentes couches sociales de la société haïtienne dans la perspective de poser de solides socles sur lesquels, enfin, nous pourrions bâtir notre destinée commune de façon durable et prendre notre envol pour de bon.

L'avantage d'une telle démarche s'inscrit dans la dynamique de trouver des solutions vraies et permanentes en mettant en commun nos énergies, notre génie collectif et notre patriotisme. Ce dialogue suggéré ne doit pas être calqué sur les mêmes schémas antérieurs avec les mêmes idées improductives et des comportements visant à occuper le haut de la scène avec les mêmes résultats et sans solutions véritables et durables. Laissons de côté cette attraction au vedettariat et parlons sérieusement et honnêtement des vraies choses. En effet, le moment est venu de poser les vraies questions et de ne plus fuir la réalité. Cessons de *marronner*! Robert Debs Heinl et Nancy Gordon Heinl rapportent à la page 7 du livre *Written in Blood* qu'Haiti est la terre des quatre pas : *Pas ginyin* (je n'en ai pas); *Pas konnin* (je ne connais pas); *Pas capab* (je ne suis pas capable), *Pas faute mouin* (ce n'est pas ma faute). Ce type de stéréotype reflète-t-il notre caractéristique de peuple? Est-ce une utopie? La réalité ou une perception? Pourquoi les gens pensent-ils ainsi de nous? Ne fuyons pas la vérité, car elle seule peut nous affranchir et libérer. De toute façon, elle nous rattrapera coûte que coûte un jour si nous continuons à tourner en rond. Elle est la seule lumière qui modère les passions et corrige les instincts. Fuir la vérité, c'est nous enfoncer davantage dans l'obscurité. Il est temps de faire mentir les stéréotypes.

À un moment donné de ma vie, j'ai commencé, sans être sociologue pour autant, à observer la société dans laquelle j'ai grandi. Je me suis posé tout un tas de questions et je me les pose encore : Pourquoi après plus de 200 ans d'indépendance, notre pays, Haïti, est encore identifié comme le pays le plus pauvre du continent ? J'ai entendu beaucoup de discours venant de différentes cultures politiques, j'ai entendu nos intellectuels, nos professeurs, nos philosophes, nos écrivains de tout acabit, j'ai écouté l'analphabète et le pauvre. Avec mes amis, j'ai partagé mes points de vue de la gestion publique, nous avons parlé de corruption, de misère, d'absence de leadership, de justice, de politique. J'ai croisé le riche et l'homme d'affaires. Nous avons parlé de plusieurs sujets à la fois. J'ai tout entendu. Tout compte fait, je peux vous dire aujourd'hui, quelle que soit leur appartenance sociale, leurs théories, leurs discours convergent tous vers un point commun : le bien-être du peuple haïtien et celui d'Haïti. Tous, sans distinction, voudraient voir que nos mornes dénudés reverdissent, tous ils aimeraient voir que nos ressources hydrauliques soient distribuées équitablement pour l'arrosage de nos plaines, la production d'énergie et la revitalisation de l'agriculture et de l'élevage. Tous rêvent de voir nos enfants, nos femmes, nos vieillards, nos handicapés, nos jeunes manger à leur faim. Un peuple qui ne mange pas régulièrement est exposé à toutes sortes de dérives. Un ami africain me disait qu'un peuple affamé peut même souhaiter la bienvenue au diable. Tous, quelque part du fond d'eux-mêmes, aimeraient vivre dans un meilleur environnement, dans des conditions plus décentes et plus sûres, et rêvent de faire de ce coin de terre un endroit où il fait bon vivre pour eux-mêmes et pour leurs progénitures. Mais comment ? Le hic réside dans notre incapacité de nous réunir et de parler des vraies choses et de trouver des solutions pratiques à des problèmes qui nous tourmentent depuis le début de notre indépendance et même au-delà.

À la vérité, ce peuple qui a réalisé ce grand exploit en 1804 en devenant le premier peuple à se libérer de l'esclavage, qui a surpris les puissances dominantes de l'époque en brisant les chaines humiliantes de la servitude, qui a ouvert les portes de la liberté à d'autres peuples, se retrouve aujourd'hui en queue de peloton en comparaison à d'autres nations dans la Caraïbe et dans le monde. Définitivement, il y a quelque chose qui n'a pas fonctionné et qui ne fonctionne pas encore depuis notre indépendance. Comme disait un de nos anciens généraux : Notre cas est grave *(ka nou grave)*. Et ce cas, le cas de notre pays, mérite que des leaders sérieux, patriotes et consciencieux de tout niveau définissent un autre cadre de réflexion exempté de toute démagogie. Pourquoi ? Parce que, comme peuple, nous avons tout essayé et nos essais placés dans un continuum temporel ont accouché des mêmes fruits et ces fruits deviennent de plus en plus indigestes pour ne pas dire amers. C'est M. Jean-Luc Virchaux, ambassadeur suisse accrédité en Haïti, qui déclarait lors d'une intervention dans le cadre du 10e anniversaire du Cadre de liaison inter-ONG[2] : « *Les résultats sont faibles. Sinon Haïti ne serait pas dans sa situation actuelle* ».

Nous ne faisons même pas du surplace, nous reculons. Même le citron qu'on pouvait ramasser librement aux bords de nos routes ou cueillir dans nos ravines est devenu une denrée rare et les œufs qui se retrouvent dans nos assiettes et dans nos supers marchés viennent d'ailleurs. La production agricole court sans cesse après son centre de gravité dans l'espoir de retrouver peut-être un jour son état d'équilibre et rencontrer l'objectif de l'autosuffisance alimentaire. Où sont-elles nos élites politiques, intellectuelles et entrepreneuriales ? Existent-elles ?

Hélas ! S'il y en a qui sont satisfaits de l'état actuel des choses ou qui essaient de se fermer les yeux et de se boucher les oreilles afin d'échapper au verdict de la vérité, moi, je fais partie de ceux et celles qui souffrent amèrement, en regardant impuissant les conditions dans lesquelles les habitants de Cité Soleil, de Cité Katon vivent. Comment puis-je

---

2 Article du 29 septembre 2016 titré : L'ambassadeur de Suisse tape les ONG en Haïti, source le Nouvelliste

accepter sans un sentiment de rage le fait que mes amis se font tuer en pleine rue ou chez eux ? La douleur me ronge jusqu'à la moelle quand je pense à notre grand et irremplaçable journaliste Jean L. Dominique de Radio Haïti Inter, criblé de balles devant sa station de radio en même temps que son employé Jean Claude Louissaint, à mes confrères de l'Électricité d'Haïti, les ingénieurs Bistraite, Casséus, Colbert et Nonez qui ont laissé leur peau dans des conditions nébuleuses. Ils ont été soit assassinés ou portés disparus. Je pense, entre autres, à nos professionnels du droit comme Me Mario Labadie, Me Briel Lagrandeur[3], Me Durand R. Jeanty que des assassins ont décidé de stopper l'histoire de leur vie pourtant chargée de rêves et de projets. Je pleure encore le départ non souhaité et non voulu du couple Valmé (Ghislaine et Jean Claude) dont l'assassinat a soulevé l'ire de nos frères et sœurs de la diaspora. Je partage la profonde douleur de la famille et des amis de Guyto Toussaint, président du Conseil d'administration de la Banque nationale de crédit lâchement assassiné à son domicile. Que dire de l'assassinat de nos policiers, des inconnus de nos bidonvilles, des sans noms de nos corridors qui n'ont pas eu droit à un digne sépulcre. Je pense à ces viols au quotidien, à nos jeunes gens qui se prostituent pour survivre. Je pense à ceux et celles qui ont laissé leur peau à cause de cette épidémie de choléra. Je pense à ceux et celles qui ont préféré braver les requins des mers chaudes de la Floride plutôt que de rester dans ce que certains nomment déjà : l'enfer des hommes. Je pense à tous ceux et celles qui, avant et après notre indépendance, ont connu la torture, la mort en prison ou ont été assassinés chez eux ou en pleine rue à cause de leurs idées, de leur grand désir de contribuer à un aller mieux pour eux-mêmes et pour leur pays. Une pensée spéciale s'adresse à ceux et celles qui ne demandaient que le simple droit à l'existence mais, malheureusement ont été emportés par l'Opération Bagdad à

---

3 Revenant d'un séminaire de la Guadeloupe, Me B. Lagrandeur a été abattu quelques minutes seulement après avoir foulé le sol de son pays

Port-au-Prince et ses environs. Dans un article[4] publié sur RFI par Amélie Baron, elle constate que : « *Près de 2 000 personnes trouvent la mort durant l'année qu'aura duré cette opération Bagdad* ». Le journal le Nouvelliste du 14 juin 2012, rapporte ce qui suit : « *Sur le plan sécuritaire, au moins 785 cas d'assassinat ont été répertoriés à travers le pays entre mai 2011 et mai 2012, en particulier dans la zone métropolitaine de Port-au-Prince. Parmi les victimes de l'insécurité figurent 714 tués par balle et 16 à arme blanche contre 39 cas de lapidation. L'insécurité grandissante qu'a connue le pays au cours de la première année du mandat de Michel Martelly a touché indifféremment des civils, des agents de la PNH, voire des agents de la Minustah. On se rappelle encore l'assassinat spectaculaire de l'ancien président du Conseil d'administration de la BNC, Guyto Toussaint, et de celui du professeur Yves Dorvil. Celui-ci occupait au moment de son assassinat le poste de directeur technique de l'Office national du cadastre. Le notaire Emile Giordani, Gloria Perez Guzman, secrétaire générale de l'association des Dominicains vivant en Haïti, l'inspecteur de police Joël Coffy, Me Briel Lagrandeur, le directeur de Radio Boukman, Jean Liphaite Nelson, Me Jeanty R. Durand figurent aussi sur la longue liste des victimes* ». De janvier à mars 2012, la commission nationale Justice et Paix de l'Église catholique en Haïti a dénombré 41 décès par balle en janvier, 78 en février et 71 en mars[5]. Que dire de la douleur des familles vivant en Guyane selon que nous rapporte Radio Kiskeya le 5 novembre 2012 : « *Récemment, la communauté haïtienne de Guyane Française a dénoncé la disparition d'une quinzaine de ses membres tués entre fin 2011 et l'été 2012, dans l'aire de l'aéroport international Toussaint Louverture que les autorités éprouvent toutes les peines du monde à sécuriser* ». Le Journal le Nouvelliste du

4 Titre de l'article : Haïti : Vivre à Cité Soleil, paru en date du 28 novembre 2013 sur Radio France internationale (RFI)

5 Radio Kiskeya

23 juin 2014 rapportait sous le titre : Les morts par balle s'accumulent : Du 1er au 23 juin, 67 personnes ont été tuées par balles dans la zone métropolitaine de Port-au-Prince, selon la morgue de l'HUEH[6]. Que de catastrophes, de tragédies pour les familles des disparus, de souffrances, de cruautés et d'injustices ! Malheureusement, la liste de ces assassinats et cas de violence ne fait que se prolonger dans le temps. Elle est pour nous rappeler cette triste réalité et en même temps notre impuissance.

Avec qui ferions-nous le développement ? Pourrions-nous le faire dans un tel environnement ? Jamais ! Je ne pourrai me réjouir, ni me sentir bien dans ma peau en terre d'accueil quand je pense à notre échec collectif. Avec quelle audace pourrai-je parler de développement, d'amélioration des conditions de vie, de santé, de meilleur avenir pour nos enfants et pour la jeunesse haïtienne à un moment où la force intellectuelle et travailleuse haïtienne dans une très grande proportion contribue à accroître la richesse d'autres nations ? Comment se fera le transfert des connaissances de génération en génération ? Que devons-nous faire ensemble pour renverser la vapeur du désespoir, pour redonner espoir à nos « *rèstavèks* » considérés comme des esclaves d'un genre nouveau au 21e siècle? Une société qui ne place pas au centre de ses priorités le développement économique, social, civique et moral de son peuple est une société vouée à la stagnation et à l'échec. Notre développement sera effectif quand il sera pris en charge et conduit dans son intégralité par les Haïtiens et Haïtiennes et pour les Haïtiens et Haïtiennes.

Diagnostic des éléments jugés nuisibles à notre avancement

Il est utopique de penser que tous les éléments de blocage à notre développement soulevés, avec raison par plusieurs,

---

6 HUEH : Hôpital de l'Université d'État d'Haïti

puissent être traités ou analysés dans ce volume. Cependant, il est saint et même souhaitable que les Haïtiennes et les Haïtiens continuent de se questionner, d'explorer toutes les avenues susceptibles de nous sortir définitivement des affres du sous-développement.

C'est dans cette perspective, que l'auteur cerne ici quelques-unes des causes principales qui semblent jouer un rôle majeur dans ce qui nous empêche de conjuguer nos efforts pour le bien commun et qui mériteraient, à son humble avis, d'être inscrites, s'il y a lieu, en tout premier lieu à l'ordre du jour d'un dialogue national.

La violence

Nous ne saurions parler de solutions à nos maux en ignorant le rôle profond que la violence a joué et joue encore dans notre parcours de peuple libre. Elle s'impose comme sujet à traiter dans le débat collectif parce qu'elle est présente quotidiennement et elle fait l'objet à peine d'étude et d'analyse. Aujourd'hui plus que jamais, elle mérite d'être approfondie puisqu'il ne s'agit pas dans le cas d'Haïti d'une notion abstraite appartenant à l'imaginaire collectif. Elle est bien réelle et est dommageable au développement et à l'avancement de notre peuple.

À la vérité, s'il y a un mal qui nous dévore avant, pendant et après notre indépendance jusqu'à nos jours, c'est bien la violence. Elle est à l'origine de tous nos maux dans la mesure où elle influence fortement l'activité politique, sociale, morale et économique. Nous voulons pour preuve cet article du Nouvelliste du 6 mars 2015 ayant pour titre : Ne banalisons pas la violence et nous lisons : «*l'Église catholique organise 24 heures pour le Seigneur les 13 et 14 mars 2015. La Conférence épiscopale d'Haïti propose que ces 24 heures de prière soient faites «en solidarité et en communion avec toutes les victimes de l'insécurité, spécialement les religieuses et les religieux malmenés par des bandits ». 29 communautés religieuses ont été attaquées ces derniers temps à travers le pays. 29 communautés de l'Église catholique. Des couvents, des églises, des écoles, etc. C'est la conférence épiscopale, sous la signature de son président, Son Eminence le cardinal Chibly Langlois, qui a dénoncé ces crimes dans une note rendue publique vendredi. 29 communautés bien établies dans le pays, rendant des services inestimables, ont subi la violence de bandits non identifiés. C'est l'Église qui en parle ».* Nous ne pouvons pas la nier, ni la banaliser. Cette violence, en fait, est multiforme (physique, psychologique, verbale, politique, sociale, économique et structurelle) et complexe. Elle suscite la peur et la suspicion de nos compatriotes. Elle est semblable à un labyrinthe infernal qui nous garde prisonnier comme si on était dans une prison à sécurité maximum. Il est difficile de trouver un moyen de déraciner cette violence puisqu'elle est érigée en système et enracinée dans nos mœurs depuis notre départ forcé de la Guinée, du Sénégal et du Bénin (ancien Dahomey) et des territoires intérieurs de cette partie du monde qu'est l'Afrique. Si nous analysons l'histoire humaine sous l'angle de la violence, nous arriverons à la même conclusion que l'auteur du Livre sacré : *« Le cœur de l'homme est désespérément malin. »* En tout cas...

Pour comprendre l'origine de cette violence qui se perpétue de génération en génération et qui nous cause bien des torts, nous avons refait le parcours de l'homme noir depuis sa tribu lointaine où il vivait en homme libre. Nous avons appris qu'il a été pourchassé, kidnappé, vendu, maltraité et emmené de force jusqu'à sa nouvelle destination en Amérique et dans les Antilles où il a été réduit à l'esclavage et chemin faisant, nous avons découvert des places en Afrique qui nous rappellent la barbarie avec laquelle nos ancêtres ont été violemment arrachés du continent africain pour être vendus comme du bétail aux négriers. Des monuments fixant les faits odieux de l'histoire de l'esclavage se trouvent, entre autres, au Bénin, au Sénégal et au Ghana.

Au Bénin, le monument financé par l'UNESCO pour éterniser dans du concret la longue période tumultueuse et assassine du peuple noir a pour nom : La porte de non-retour. Sur l'Île de Gorée au Sénégal est érigée : La maison de l'esclavage, connue comme lieu de mémoire de la traite négrière. Au Ghana, le souvenir douloureux de la vente honteuse de nos ancêtres qui sont devenus des esclaves à St-Domingue et ailleurs se cristallise dans ce monument qu'ils surnomment là-bas : Cape Coast. Ces dernières années ont vu l'apparition et la multiplication de ces types de monuments dans d'autres parties du monde comme à Nantes (France), le long du quai de la Fosse, en bordure de la Loire ou à Curaçao dans la ville de Landhuis Kenepa et à Rif où les monuments sont érigés pour servir de témoignage de ce moment indigne et douloureux dans l'histoire de l'humanité. Jean-Claude Desgranges relate : « *Pendant plusieurs siècles, ils furent impitoyablement embarqués sur les bateaux négriers à l'île de Gorée et d'autres ports sinistres du Bénin, de la Guinée et du Congo notamment. Ils étaient acheminés, au gré des alizés balayant les vastes espaces de l'Océan Atlantique, vers des destinations lointaines du Nouveau Monde* » (Réf : 210ème anniversaire de l'indépendance : « Regard sur l'itinéraire de l'esclave, un devoir de mémoire »).

En creusant davantage la question, nous avons été estomaqués d'apprendre et de découvrir que la capture et la vente de nos nègres d'Afrique aux européens et aux commerçants du Maghreb se faisaient également par leurs propres congénères. À ce sujet, le professeur Henry Louis Gates, Jr. de l'Université de Harvard déclare sans ambages : « *la triste vérité, c'est que la conquête, la capture des Africains et leur vente aux Européens furent pendant longtemps une des principales sources de devises de plusieurs royaumes africains* ». Paul Malet dans un article ayant pour titre : *La traite négrière reste un tabou*, rajoute en soulignant ce qui suit : « *Sur la côte Atlantique, bien des bourgeoisies locales ont un lien de parenté étroit avec des rois ayant vendu des Africains aux Occidentaux* ». Quant à l'auteur de l'ouvrage : *Le Sanglot de l'Homme Noir* M. Alain Mabanckou, il porte à notre réflexion : « *Faut-il sans cesse nier que pendant ce trafic les esclaves noirs étaient rassemblés puis conduits vers les côtes par d'autres Noirs ou par des Arabes ?* ». Boubacar Joseph Ndiaye, dans son ouvrage ayant pour titre : *Il fut un jour à Gorée, l'esclavage raconté à nos enfants* souligne comment des « *guerriers* » africains vendaient leurs captifs aux négriers européens. Malheureusement, la traite négrière s'est perpétuée parce qu'il y avait une part de coopération ou de collaboration avec certains acteurs internes du continent africain qui alimentaient ce trafic honteux.

En un mot, ce serait les Noirs d'Afrique eux-mêmes qui auraient, en grande partie, vendu leurs propres frères et sœurs aux négriers. Pouvons-nous imaginer la somme de souffrance, de colère, de perte, de rupture, de disparition, de morts, de torture durant tous ces siècles de violence ? L'homme est un loup pour l'homme.

Aujourd'hui, certains nous demanderont quel rapport y-a-t-il entre ces faits d'antan et la réalité actuelle ? Nous leur répondrons que cette violence a traversé le temps et l'espace et elle persiste depuis cette période jusqu'à nos jours. Amélie Baron[7] dira : *L'image d'un pays pauvre et violent colle à la peau d'Haïti.*

Cette violence se manifeste directement et indirectement chez nous. Elle a pour nom : insécurité, dechoucay[8], supplice du collier enflammé (père Lebrun), kidnapping, assassinat, extorsion, corruption, vandalisme, bastonnade,

---

7 Auteure de l'article: Haïti : Vivre à Cité Soleil, paru en date du 28 novembre 2013 sur Radio France internationale (RFI)

8 Déraciner brutalement quelqu'un de son poste de travail et/ou vider arbitrairement sa maison de son contenu sans cause, sans aucune autre forme de procès.

détournement de fonds, coup d'état, viol, impunité, arbitraire, peur, intimidation, marginalisation, rançonnement, usurpation, décapitation, terrorisme, oppression, expulsion, prédation, traumatisme, cauchemar de revoir en songe l'image des kidnappeurs, élimination physique, opération Bagdad, chômage, détérioration de l'environnement, silence, utilisation abusive et scandaleuse des enfants, insulte, colère chronique, dépression, dévalorisation, violation de la Loi, ôte-toi que je m'y mette, mutilation, sous-alimentation, sous-instruction et nous en passons. Le prétexte de dire que nous avons hérité cette violence de la part de nos colons blancs est un faux prétexte étant donné les moments historiques opportuns que nous aurions dû saisir pour offrir autre chose, une autre image aux générations présentes et futures. Il est inadmissible, insupportable qu'au 21e siècle, plus de 200 ans après la déclaration de notre indépendance, la violence continue de faire ravage au sein de la société haïtienne et est utilisée comme instrument politique ou de règlement de compte ou pour s'enrichir honteusement en détruisant des vies. Le cas de Melle Lencie S. Mirville kidnappée, torturée et assassinée le 3 décembre 2015 à l'âge de 23 ans (Source le Nouvelliste du 10 décembre 2015) et celui de l'expert en technologie Marcel S. Bruno, directeur exécutif des services numériques à la Sogebank, illustrent notre échec collectif de protéger et de donner espoir à notre jeunesse et à nos enfants. Il est temps maintenant pour nous d'intérioriser d'autres formules comme la collaboration, la coopération, le dialogue, le partenariat, l'entraide, le respect, le partage et tout autre comportement qui nous aide à construire plutôt qu'à détruire. Le bon sens nous commande de passer d'une culture de violence à une culture de dialogue.

Nous pourrions comprendre que nos ancêtres ont utilisé la violence pour se débarrasser de l'occupant étranger, qui les opprimait et faisait d'eux des esclaves, qui pillait leurs ressources, qui les violait et qui les a acculés à la misère abjecte. Ce que nous ne comprenons pas et que nous n'arriverons jamais à comprendre et à accepter est le fait d'utiliser aujourd'hui encore la violence comme instrument de domination, comme instrument de destruction contre nous-mêmes *(nan mal, nan mal nè)*, contre nos propres semblables, contre nos enfants, nos collègues et finalement contre notre mère Patrie : Haïti. Notre histoire de plus de 200 ans regorge de ces cas de violence. Pensons à l'assassinat du Père de l'indépendance : Jean-Jacques Dessalines. Les bandes informelles armées comme les cacos, les piquets, les zenglen et plus près de nous le rouleau compresseur du Bel-air, les macoutes qui faisaient la pluie et le beau temps, les zenglendo, les JPP, les chimères, l'opération Bagdad, Fort-dimanche pour ne citer que ceux-là. Nous aimerions que quelqu'un nous explique les raisons objectives pour lesquelles Jean Dominique, Lindor, Roche, Clitandre, Gasner Raymond, Pasteur Leroy, Me Mireille Bertin ont été assassinés.

Le but n'est pas de décrire la violence des 200 dernières années puisqu'elle est omniprésente dans notre vie de peuple comme un cancer qui ronge nos os. Déjà, le Pasteur Fritz Fontus dans son ouvrage : *Conflits de valeurs* (2004) parlant de ce coin de terre qu'on a baptisé Haïti écrivait : *Un nom qui, à notre sens, décrit mieux que tous les autres les années qui suivirent la proclamation de l'indépendance, est celui de <u>République Turbulente</u>. Car l'histoire qui s'est déroulée depuis cette date est faite de coups d'états, de guerres civiles, de soulèvements, les uns plus sanglants que les autres*[9]... Il fait écho, à la même page de son livre, de la réflexion sur le sujet de deux auteurs qui ont observé la scène haïtienne en ajoutant : « *Comme l'écrivaient Findlay et Holdsworth de façon imagée :*

9 Fritz Fontus, Conflits de valeurs, p. 8, Éd. Farel (France) 2004

Haïti ressemble à un pays volcanique dont le territoire est agité par d'incessantes éruptions qui ne donnent à aucun arbre le temps de pousser et de mûrir et qui ne permet de construire rien de stable »

Cette violence est un handicap à l'avancement de notre fraternité, à notre humanité et à notre développement.

Durant notre jeunesse passée en Haïti, nous avons souvent entendu cette expression : « *depi nan ginen, nèg pa vle wè nèg*[10] » sans vraiment y prêter une attention particulière et sans chercher à approfondir la réflexion là-dessus. Mais, à partir de 1986, le réveil a été brutal et nous avons pris conscience que ce n'était pas une simple expression banale, ni de vains mots et qu'elle charrie avec elle une vérité, laquelle a acquis brusquement à nos yeux une dimension et une signification notables sans précédent au regard des atrocités qui bouleversent la vie de notre peuple surtout à Port-au-Prince et ses environs. Étant nous-même un naufragé du désordre politico-social qui secoue Haïti depuis ce temps-là, nous avons, durant ces années hors de notre patrie bien aimée, mesuré en partie l'ampleur des conséquences de cette violence multiforme. Elle se mesure à l'aune de nos résultats, de nos déboires et des assassinats et de la place d'Haïti sur l'échiquier mondial.

En dernière analyse et dans la perspective de trouver des réponses, le constat de nos années de violence mérite d'être scruté à la loupe et nous devons évaluer lucidement ses impacts et tirer les leçons appropriées susceptibles de nous aider à enrayer cette violence multiforme dans notre sein c'est-à-dire mettre en place l'encadrement légal, les moyens et les ressources capables d'assurer et de maintenir la stabilité, la cohésion, l'ordre et la paix sociale.

L'impact de cette violence est désastreux. Certains ont perdu

---

10 Tentative de traduction : Depuis la Guinée, l'homme noir hait son frère noir

toutes leurs possessions, d'autres leurs enfants et leur compagne, leur statut social, etc. Les funestes conséquences en termes de dommages directs et collatéraux sont nombreuses dans la vie des victimes, de leurs proches et évidemment pour Haïti en termes de gaspillage de ressources de toutes sortes, de perte de temps, de destruction de l'économie nationale, etc. Nous les identifions à la douleur psychologique et atroce que ressentent les épouses de nos amis assassinés. Elles ont perdu leur amour, le père de leurs enfants et la courbe de leur propre vie a changé de direction à tout jamais. Plus de projets en commun. L'une d'entre elles a erré comme une juive dans le désert durant de longues années avant de se stabiliser à Boston. Cette violence multiforme provoque cette profonde anxiété chez ces enfants qui sont sans ressources pour poursuivre leur rêve et leurs projets. Leurs parents ne pourront plus leur venir en aide ni les accompagner, car la vérité, c'est que ces derniers ont été assassinés ou kidnappés sans laisser de traces. Ce père fraîchement débarqué de l'avion ne verra plus son nouveau-né à l'hôpital puisque chemin faisant, les zenglendo lui ont ôté la vie. Ces médecins, ingénieurs, agronomes qui ont été, d'une façon ou d'une autre, déchouqués de leur travail sont aujourd'hui soit chauffeurs de taxi ou livreurs de pizza sous d'autres cieux privant ainsi le pays des investissements qu'il avait consentis à leur formation et à leur développement. D'autres pays jouissent du fruit de leur effort et de leur expertise.

C'est, entre autres, cette infirmière qui, après avoir bossé pendant plus de 40 ans en terre étrangère, fait construire sa maison de retraite à Delmas[11], ne jouira pas du fruit de son investissement puisque d'autres se sont accaparés de sa propriété arbitrairement sans lui donner un sou noir en contrepartie. Ils sont nombreux ceux et celles qui tentent de vendre ou de louer leurs biens ou leur héritage à distance

---

11 Delmas: une municipalité située au Nord de Port-au-Prince

n'étant pas sûrs d'utiliser vivant le ticket de retour sur le prochain vol s'ils vont sur place régler les papiers. Ralph Joseph dans son article : Haïti : *Port-au-Prince dans la peur d'un nouveau chaos*, paru sur le site de Slate Afrique en date du 24 avril 2012 traduit bien cet environnement de frayeur et d'angoisse en écrivant : « *La tension est là, chaque jour. On la voit on la sent : Les gens ont peur. Dans certains quartiers, il faut se retourner constamment pour s'assurer que celui qui marche derrière soi ne vous veut pas du mal.* » Vouloir, dans ces conditions, apporter une réponse au développement d'Haïti sans traiter de façon appropriée la problématique de la violence est aussi utopique que la recherche de la quadrature du cercle. Constamment prisonnier de cette peur qui empoisonne son existence journalière, le peuple haïtien dans sa grande majorité lutte pour sa survie au quotidien et n'a pas le temps, ni la marge de manœuvre nécessaires pour planifier l'avenir. N'est-ce pas Confucius qui disait : « *Celui qui ne regarde pas vers l'avenir, découvrira le désespoir à ses côtés.* » En tout cas, ce n'est pas dans cette ambiance de peur et de violence que nous construirons ce pays. Impossible !

Et pour répéter Hedges : « *la question est de savoir comment nous pouvons arrêter le pouvoir de nous causer du mal autant que possible* » car, nous ne devons pas nous leurrer, développement et violence ne partagent pas le même lit et ne sont pas capables de vivre en harmonie. Alors, comment pouvons-nous transformer cette violence destructrice en une énergie constructive dans notre quête de vraies et durables solutions à nos problèmes ? Un rapport de la Banque mondiale et de l'Office des Nations unies contre la drogue et le crime (ONUDC-2007) ayant pour titre : *Criminalité, violence et développement : tendances, coûts et options stratégiques dans les Caraïbes* souligne que : « *Les niveaux élevés de la criminalité et de la violence dans les Caraïbes compromettent la croissance, le bien-être des populations et le progrès social.* » Ce même rapport nous apprend également qu'Haïti pourrait accélérer sa croissance économique par habitant de 5,4% tous les ans si elle ramenait son taux d'homicide à celui du Costa Rica. Combattre la violence pour améliorer notre qualité de vie devrait se placer au sommet de la liste de nos plus hautes priorités puisque tous les aspects du développement dépendent de notre capacité à maîtriser et à éradiquer cette violence. L'intérêt porté par les observateurs de la scène internationale à la question de la violence montre bien qu'elle constitue un sérieux frein à notre progrès collectif.

Aujourd'hui, nous devons nous efforcer de stopper toutes les formes de violence, d'abord, dans toutes les sphères de nos propres vies et dans notre société. Ne rien faire et laisser développer ce mal nous condamnent à la commettre et à la subir à notre tour. Sur le plan national, la violence continue d'être une préoccupation qui nécessite des interventions d'urgence et stratégiques à différents niveaux afin de l'endiguer définitivement de nos pratiques et de nos mœurs. Le chef de l'État, son gouvernement, les autres élus doivent assumer leur responsabilité historique et leur leadership en créant et en solidifiant les structures de nos institutions désignées pour assurer l'ordre et le climat de stabilité et de paix nécessaire à la réalisation des grands projets contribuant au développement. Il est du devoir du gouvernement de garantir la liberté et la sécurité de la société en général et des individus en particulier. Cette compétence lui est dévolue par la Loi mère du pays. La société civile dans ses responsabilités doit accompagner la structure exécutive et constitutionnelle dans la réalisation d'un tel projet par sa position de chien de garde et d'acteur important. Nos institutions sont faibles et cette faiblesse qui mérite d'être corrigée a été mise en lumière par l'anthropologue Rachelle Charlier Doucet du Centre d'études et de recherches sur le développement des cultures et des sociétés (CERDECS) quand elle nous dit : « *La violence est systémique c'est-à-dire liée à l'abandon de l'État, à l'abandon de la société par les institutions publiques qui ne donnent pas les services de bases* ». Elle ajoute : « *La violence* [en Haïti] *est liée à un manque d'institutionnalisation des rapports entre les citoyens et l'État* ». Ce constat, présenté par Mme R. C. Doucet dans une étude sur la violence en Haïti le 29 juin 2012, est déchirant et invite à la réflexion quand on connaît l'utilité d'une fonction publique efficace dans la vie d'une population. Une fonction publique bancale rend la population vulnérable. Question : Les programmes nationaux d'éducation et de formation sont-ils adéquats ou adaptés aux besoins présents et futurs ?

Ce climat de paix et de sécurité est tant souhaité par la jeunesse haïtienne qui veut recommencer à rêver. Le défi qui se présente à nous est de changer collectivement la phase historique de la violence, cette énergie infernale doit être convertie en énergie salvatrice et devrait être investie dans ce véritable chantier de développement, de production, de construction, de concorde et de vivre ensemble que nous voulons tous. Le déracinement de la violence dans ses formes multiples doit commencer d'abord chez nous et en nous dans les relations réciproques entre maris et femmes, parents et enfants, enseignants et élèves, patrons et ouvriers, le propriétaire terrien et ses cultivateurs, curés, pasteurs et fidèles, maître, maîtresse de la maison avec la femme de ménage ou le gardien, pour ne citer que ceux-là.

Le temps de la dictature et de la domination coûte que coûte est révolu. Les études ont démontré plus une population est au travail, vit dans le respect des normes, respecte les institutions, gagne son pain et son beurre, plus la violence tend à disparaitre.

La mise en place de solutions pour prévenir et enrayer la violence passe inexorablement par la grande capacité de l'État, du secteur privé et de la société civile d'apporter de façon concertée des réponses concrètes et pérennes à des injustices économiques et sociales comme la pauvreté, la précarité, le chômage, l'alphabétisation, l'insuffisance de formation professionnelle, la faim, le logement, la bidonvilisation archaïque, la situation des plus vulnérables dans notre société : les aînés, les aveugles, les handicapés, etc. Les réponses contre la violence passent également par l'éducation civique, par la mise en œuvre de programmes pouvant aider les jeunes à risque, aider les délinquants à réinsérer la société. Font partie également des réponses, l'élaboration ou le renforcement du cadre législatif et pénal accompagné d'instruments d'application appropriés entre autres, des tribunaux bien structurés pour la livraison d'une justice efficace et un corps de police bien équipé en hommes et femmes capables et responsables et possédant des laboratoires, des moyens logistiques et techniques pour faire son travail d'établissement des preuves et de gardien de l'ordre et d'application du droit en toute justice. Une justice sans une force de police bien organisée restera impuissante pour parodier Pascal. Il est écrit : « *La justice élève une nation*[12]. » Également, les réponses à la promotion de l'agriculture et de l'élevage, de l'environnement et de l'énergie sont parties intégrantes de la solution. Nous serons tous d'accord pour dire que la population haïtienne a besoin d'un apaisement et de se sentir en confiance.

À ceux et celles qui baissent les bras en se disant que la violence existe partout et jamais, nous ne pourrons l'extirper de nos mœurs, nous leur répondrons : Cessons de prendre en compte les mauvais exemples comme excuse afin de nous soustraire de notre responsabilité.

L'injustice

Autre élément qui fait tort à notre développement, c'est

---

12 Livre des Proverbes ch. 14 v. 34 (Bible Louis Secong)

l'injustice. Il est évident que la violence entraîne l'injustice et vice versa. Ces deux variables, violence et injustice sont sans aucun doute, intimement liées. Les luttes de libération qu'elles soient violentes ou non tirent en général leur source du sentiment d'injustice que vivent les révoltés ou les indignés. Notre propos ici n'est pas de dire et de redire les théories déjà développées ou émises par des philosophes, des penseurs, des écrivains et autres sur le sujet. Notre démarche est de photographier l'injustice et souligner qu'elle est antinomique au développement d'un pays et qu'elle ronge la cohésion de notre société. C'est dans cette perspective que ce sujet doit faire partie du débat collectif.

Ensemble, nous devons l'identifier, la dénoncer et l'enrayer en offrant des politiques, des mécanismes et des structures où se manifeste beaucoup plus de justice dans la conduite des affaires du pays. La nature ayant horreur du vide, là où la justice est absente, l'injustice gagne du terrain en engendrant conflits, dissensions et perte de confiance.

Nous sommes conscients que le sujet déborde le cadre de cette réflexion et ne concerne pas uniquement Haïti mais touche à des degrés divers l'ensemble des populations du monde surtout les pays du tiers et du quart mondes. Cet état de fait ne devrait pas servir d'excuse pour ne pas nous pencher sur le sujet dans la mesure où elle est synonyme de désordre et de monstruosité et constitue un perturbateur dérangeant l'harmonie sociale. L'injustice est multiforme et complexe et se retrouve dans tous les champs de la vie humaine. Pour dénoncer l'injustice et ses générateurs, la littérature retient des expressions comme : inégalités et écarts de revenus entre les très riches et les très pauvres, distribution inégale des biens matériels, accès difficile à l'éducation et aux soins de santé, la discrimination entre hommes et femmes quant à l'égalité des chances en milieu de travail et dans le processus de prise de décision, la faim, la détérioration de l'environnement, la criminalité, la fraude et le détournement de fonds, les déplacements forcés des populations, etc. Haïti n'étant pas isolée du reste du monde vit dans un contexte international où les règles imposées et les décisions des grandes institutions mondiales comme le Fonds monétaire international (FMI), la Banque mondiale et l'Organisation mondiale du commerce (OMC) ainsi que les transactions transnationales influencent sa politique intérieure et l'ensemble de son économie. Les questions à se poser dans le cadre de cette analyse : Comment Haïti se situe-t-elle par rapport à l'injustice ? Est-ce un problème réel ou un faux débat ? Est-elle concernée par ces problèmes précédemment soulignés ? L'injustice est-elle vraiment un facteur de blocage à son développement ? Est-ce qu'Haïti possède les moyens humains, structurels et économiques pour anéantir les fléaux qui alimentent l'injustice ? Comment l'économie haïtienne tire-t-elle son épingle du jeu dans une économie mondiale frappée par la récession et les cas de fraude ? Les réponses à ces interrogations ne peuvent pas être l'œuvre d'une personne mais celle de tous.

À la vérité, le climat de violence qui perdure en Haïti, s'amplifie durant les journées de grands chambardements socio-politiques, lors de crises sociales et s'estompe sur de courtes périodes. Un tel climat ne peut créer chez la population qu'un sentiment de frustration et d'injustice et comme conséquence une perte totale de confiance dans ses dirigeants et dans ses institutions. Dans la conduite des affaires d'un pays, la population s'attend à une gestion des affaires de l'État, à la fois au niveau national et international, basée sur l'application de la justice, sur l'éthique et l'équité. Il est impossible de construire un État fort, stable, solide, crédible et fonctionnel si la structure de gouvernance à tous les niveaux n'est pas fondée sur des valeurs comme la justice et l'équité. En l'absence de ces socles de base, l'édifice sera bancale et il y aura toujours des disfonctionnements qui causeront des ruptures, des pertes en ressources humaines et matérielles et créeront de l'espace pour l'éclosion du désordre et de l'anarchie et de leur corollaire : la violence.

En prenant comme exemple certaines parties de la péninsule arabique et en analysant de plus près les causes des bouleversements de l'ordre établi connus sous le nom de *Printemps arabe*, nous pouvons arriver à la conclusion et dire qu'un des aspects de l'origine de ces bouleversements est l'absence cruelle de justice quant à la gouvernance de l'État et à la répartition équitable et juste des retombées financières et économiques des ressources naturelles de ces pays au niveau de la population. La cupidité de ces anciens dirigeants, semble-t-il, les a conduits à leur propre perte. La Presse de Montréal du 13 avril 2012 rapporte dans le cas tunisien ce qui suit : « *Ce qu'on a découvert dépasse l'entendement. C'était une corruption organisée à tous les niveaux de l'État. Tous les secteurs juteux de l'économie tunisienne étaient réservés à l'ancien président et à sa famille* », dit Néji Baccouche, membre de la Commission et professeur de droit à l'Université de Sfax.

Lorsque les journaux nous rapportent, si cela s'avère exact, l'énorme richesse accumulée par ses dirigeants et leurs familles, nous pouvons valider ce vieux dicton haïtien relatif aux deux seins de la Sainte Vierge : « *le sein sucré de la Vierge est toujours dans la bouche d'une seule équipe, l'autre amer est réservé au reste de la population* ».

Certains de nos compatriotes incluant quelques soi-disant experts étrangers aiment faire la comparaison entre Haïti et d'autres pays pour conclure que l'insécurité, et par ricochet l'injustice en Haïti, n'est pas pire que ça. Nous nous inscrivons en faux contre cette idée. Une pareille déclaration encourage les pratiques malhonnêtes et réduit à néant le sens des responsabilités de nos meneurs. Avons-nous déjà entendu cette expression typiquement de chez nous : « *Pour qui vous prenez-vous ? Tout le monde danse sur deux pieds et vous sur un seul.* » Si nous faisons sienne cette idée nous ne faisons qu'entretenir l'injustice et ignorer volontairement la souffrance des victimes et son impact sur la gestion saine du pays. Un tel comportement s'appelle fuir ses responsabilités, boucher les yeux ou être soi-même un acteur du problème pour ne pas dire un complice. Arrêtons de jouer à l'autruche ! Montesquieu disait : « *Une injustice faite à un seul est une menace faite à tous.* » Et Willy Brant[13] d'ajouter : « *Ne l'oubliez jamais : Celui qui laisse commettre une injustice ouvre la voie à d'autres injustices.* » Une haïtienne ou un haïtien assassiné sera toujours une ou un de trop. Cela prend beaucoup de courage pour rester vertical et résister aux tentations de la mode en place. Dans les cas de violence et d'injustice, la tolérance devrait être zéro quant à la réponse juste et appropriée à apporter pour rendre justice. Le grand Livre nous enseigne que : « *La justice élève une nation.* »

Malheureusement, les conséquences de l'injustice sont fatales pour un pays aussi pauvre que le nôtre. C'est un cercle vicieux. Si elle se perpétue, ses conséquences seront pires qu'un tsunami. La banalisation de l'injustice en justifiant des expressions telles que : « *Voler l'État n'est pas voler, débrouille-toi, car Haïti est une terre glissante, tout le monde le fait, faisons-le aussi* » relèvent tout simplement de l'immoralité, de l'absence d'éthique, de l'irresponsabilité, de la volonté délibérée de gruger les maigres ressources du pays, de garder et d'enterrer nos compatriotes dans la misère ou de les pousser à l'exode.

L'injustice est créée quand des fonds destinés au développement du pays ont été détournés par les responsables de projets ou d'institutions d'État ou d'organismes autonomes vers leurs propres poches et leurs proches au lieu d'être investis dans le développement de la santé, l'agriculture,

---

13 Homme politique allemand

la pêche, dans la construction d'infrastructures comme les hôpitaux, les routes, les ports, les laboratoires, dans la promotion de l'éducation. Hélas! Une fois arrivé au pouvoir ou élu, le candidat bien intentionné devient à son tour un élu oublieux de ses promesses.

L'injustice est de garder la population dans l'ignorance et dans l'analphabétisme en la privant des moyens de s'instruire et ne lui offrant pas les outils pour apprendre un métier ou une profession pour améliorer son sort et gagner sa vie dignement par le travail.

L'injustice est de mystifier nos semblables par l'usage de mots ronflants, par des discours creux afin de détourner leur regard de la réalité.

L'injustice se manifeste quand les politiques publiques ne sont pas appliquées dans l'intérêt et pour la sécurité de la population en général.

L'injustice résulte de l'incapacité de nos gouvernants à prendre les mesures et les moyens appropriés pour promouvoir la production nationale et la protéger.

L'injustice, c'est l'entretien de la corruption dans les différentes sphères de la structure gouvernementale et dans les administrations publiques et privées.

L'injustice est de tirer honteusement profit de la situation désespérante des conditions de vie de la population par le maintien planifié du statu quo.

L'injustice commence du moment où des individus ou des groupes d'individus ne sont pas justiciables, sont des hors-la-Loi et entravent la liberté des autres.

L'injustice, c'est le refus ou l'incapacité des responsables attitrés de démanteler les réseaux du crime organisé, de protéger la population des méfaits de la drogue, des requins de la finance et des kidnappeurs.

L'injustice est visible quand les jeunes de l'arrière-pays n'ont pas accès à une instruction digne de ce nom, parcourent des kilomètres chaque jour pour accéder difficilement à ce besoin vital qu'est l'eau.

L'injustice prend forme dans la négligence d'aider ou d'encadrer nos marchands et nos marchandes en leur procurant une place digne et sécuritaire pour écouler leurs marchandises et gagner leur pain quotidien.

L'injustice est la négligence de fournir l'encadrement nécessaire et technique à nos agriculteurs pour améliorer la productivité de leur champ cultivable.

L'injustice réside dans l'incapacité des gouvernants, comme serviteurs du peuple, à produire publiquement les rapports de leur gestion périodiquement afin de permettre à la population de mesurer l'efficacité de leurs résultats et rendre compte de l'utilisation des deniers publics.

L'injustice, c'est la construction d'écoles, d'universités sans études préalables, sans une structure de gestion, sans enseignants formés, sans professeurs, sans les outils pédagogiques et les budgets adéquats.

L'injustice est de refuser de prendre les grands moyens pour enrayer la misère mais de préférence l'entretenir pour attirer la compassion et la pitié des étrangers.

L'injustice est de ne rien faire pour donner espoir à nos aveugles, nos handicapés et à nos jeunes.

L'injustice, c'est de détourner et d'utiliser des enfants innocents comme instrument de violence dans la rue ou sur des théâtres d'opérations militaires.

L'injustice, c'est la justice sélective et discriminatoire : Une justice pour les riches et une autre pour les pauvres.

L'injustice est le refus de respecter la constitution et l'incapacité d'appliquer la Loi avec discernement, objectivité et dans le respect de la vie d'autrui.

L'injustice se révèle dans les comportements hypocrites, dans la fausse apparence ayant pour objet de détourner son interlocuteur de la vérité.

L'injustice, c'est laisser une partie de la jeunesse s'adonner à la drogue, à la prostitution, abandonner aux prédateurs sexuels sans leur offrir un encadrement formel, sans prendre les mesures adéquates assorties de politiques publiques pour les aider à s'en sortir ou pour les protéger.

L'injustice est synonyme de fermer les yeux sur la corruption et le vol des biens et des ressources de l'État et priver ainsi la population des minima vitaux à sa survie comme l'eau potable, l'électricité, la nourriture à prix abordable, un logement décent, des routes convenables pour la circulation des biens, des services et des hommes.

L'injustice, c'est de rouler ses compatriotes dans la farine plutôt que de leur dire la vérité ou de leur donner l'heure juste et de les orienter à bon port.

L'injustice est de rabaisser l'autre en le traitant d'ignorant et le considérant comme citoyen de seconde zone

L'injustice, c'est de tenir les autres à l'écart et priver ainsi le pays de l'apport intellectuel, scientifique, économique de ses enfants tant à l'intérieur qu'à l'extérieur.

L'injustice, c'est de contempler la désertification de nos mornes[14] sans réagir par l'implantation d'une politique de reboisement avec les moyens humains et financiers pour y remédier.

---

14 Aux Antilles, toute hauteur de forme arrondie. (Larousse)

L'injustice est de laisser l'environnement, surtout nos mornes, se dégrader sans prendre les moyens appropriés pour renverser la situation et donner espoir aux générations présentes et futures.

L'injustice est celle d'entretenir un agenda caché à l'encontre des intérêts supérieurs et des besoins de la nation.

L'injustice, c'est faire des promesses creuses en propageant délibérément et en connaissance de cause des mensonges ayant des effets préjudiciables pour la population.

L'injustice, c'est de ne pas créer et offrir pour nos malades, nos femmes enceintes, nos malades mentaux, nos personnes âgées la couverture sanitaire nécessaire à l'amélioration de leur qualité de vie.

L'injustice est tout ce qui est contraire à l'éthique, à l'intégrité et au respect de la personne humaine.

L'injustice est de ne rien entreprendre pour redresser, reformer, développer et structurer notre système judiciaire au profit de la bonne gouvernance et du développement durable.

Le mensonge

Voici un autre sujet qui n'a cessé, depuis des temps immémoriaux jusqu'à nos jours, de préoccuper penseurs, philosophes, politiciens, moralistes. Même le Prophète Ésaïe, dans son analyse de la société de son temps disait ceci : « *La vérité a disparu*[15]. » En faisant une revue non exhaustive de la littérature sur le mensonge, nous avons noté que le sujet a fait couler beaucoup d'encre et cela en dépit des avertissements et mises en garde contre le mensonge. Il continue tant en politique que dans la vie quotidienne d'occuper un rôle considérable et de façon insidieuse dans

---

15 Esaïe 59 v. 14

nos rapports mutuels. Comme nous le dit Frobourg Leblanc :
« *Le menteur sait à qui il s'adresse, quels sont les meilleurs moyens qu'il a d'être cru, quelle forme il doit employer pour mieux capter la confiance de celui qu'il veut tromper.* »

Loin de moi l'idée de m'étendre longuement sur cette préoccupante problématique qui a donné naissance à des déclarations diverses et à plusieurs réflexions de la part des experts, mon objectif est d'étudier le sujet dans la perspective politico-sociale et son impact sur le développement d'une nation.

À la vérité, mentir à soi-même et aux autres garde tout individu pratiquant le mensonge en connaissance de cause dans un état d'esclavage psychologique et de faiblesse. C'est Kant qui disait : « *Le mensonge fait de l'homme un objet de mépris général et est un moyen par lequel il s'ôte à ses yeux le respect et la confiance que chacun devrait avoir pour lui-même* ». Le mensonge fait de nous des sous-hommes et nous ajouterons que le mensonge rend laid surtout quand le menteur se fait prendre en flagrant délit de mentir. Allez demander aux responsables de la firme Volkswagen combien cela coûte de tromper toute une population de consommateurs concernant l'utilisation d'un logiciel trompeur dans les moteurs diesels lors des tests d'homologation touchant les émissions polluantes. Les médaillés olympiques qui tombent de leur trône parce qu'ils ont menti en se dopant. C'est abject de mentir.

Qui n'a pas entendu ces anecdotes sur des élèves en laboratoire médical qui se faisaient passer auprès des jeunes filles pour des étudiants en médecine en exposant leur blouse blanche et leur stéthoscope autour du cou, des contremaîtres en maçonnerie qui se faisaient appeler ingénieur, des pseudos diplômés d'universités étrangères qui sont incapables de fournir leur relevé de notes quand vient le moment de constituer leur dossier d'embauche. «*À beau mentir qui vient de loin* », dit le dicton. Notre folklore fourmille d'anecdotes les unes plus juteuses que les autres. Un bon ami vivant à Boston nous disait récemment qu'un de ses collègues de travail lui a raconté qu'il était détenteur d'un pouvoir qui lui permet de détourner l'argent des autres à son profit sans se faire prendre. Et notre ami d'ajouter : Qu'est-ce qui t'empêche d'utiliser ce pouvoir pour vider les banques aux États-Unis et devenir riche ?

On comprend que l'esclave trompait son maître afin d'esquiver les punitions et les atrocités de toutes sortes. Il utilisait toutes sortes de ruses telles que le marronnage comme moyen stratégique de lutte dans sa quête de liberté. Devons-nous pour cela, comme citoyen libre et indépendant, continuer ces mêmes pratiques envers la nation, envers nous-mêmes et envers nos partenaires ? Aujourd'hui, il est temps de nous débarrasser de ce fléau social (le mensonge) qui mine nos rapports les uns avec les autres dans une société libre et démocratique. Fernando Savater affirme que « *Le mensonge est généralement mauvais, car il discrédite le langage – dont nous avons besoin tous pour parler et vivre en société – et dresse les gens les uns contre les autres*[16]. »

Combien de nos compatriotes ont laissé leur peau à cause de fausses dénonciations. Combien de vies gâchées et de mariages défaits à cause du mensonge et de la tromperie d'un des partenaires ! Le « mensonge » est un phénomène complexe. La grande difficulté pour l'esprit humain est de composer avec les diverses formes du mensonge, comme : le déni, le camouflage, la dissimulation, la cachotterie, la ruse, l'exagération, la fuite, la duplicité, la feinte, la mystification, l'imposture, l'affabulation, la contrevérité, la fausseté, l'hypocrisie, la menterie, la ruse, la mythomanie, la tartufferie, etc.

---

16 Fernando Savater, Éthique à l'usage de mon fils, p. 23, Éd. du Seuil (France) 1994

Les scandales qui secouent le monde de la finance internationale, les déclarations et l'agissement de certains dirigeants sur la sphère internationale nous montrent à quel point nous nous faisons berner très régulièrement par ces leaders corrompus. Les exemples sont nombreux et font tâche d'huile dans l'histoire humaine. Les cas les plus célèbres jugés en Cour et portés au grand jour ont pour nom : L'affaire des commandites par devant la Commission Gomery au Canada, l'affaire Norbourg, E. Jones, La Commission Charbonneau (Québec), Bernard Madoff, la faillite d'Enron (E.U.), Barclays (R.U.), l'affaire Jérôme Kerviel (France), etc. L'immoralité de certains dirigeants gagne du terrain et secoue la base de nos sociétés de droit et de justice.

Ce qui est surprenant de nos jours, mentir devient comme normal, un acte qui n'est plus répréhensible. Certains peuvent même aduler l'intelligence avec laquelle quelqu'un ment. Mentir devient une arme utilisée pour remporter la victoire. Observant la société de son époque, Honoré de Balzac faisait remarquer ceci : « *Savez-vous comment on fait son chemin ici ? Par l'éclat de génie ou par la corruption. Il faut entrer dans cette masse d'hommes comme un boulet de canon ou s'y glisser comme une peste. L'honnêteté ne sert à rien*[17]. » Beaucoup ont choisi la voie de la corruption et se sont comportés comme une peste. Qui dit corruption, dit mensonge. Et le mensonge mine la confiance.

Le mensonge qui est consciemment concocté dans le but de tromper est condamnable à tous les niveaux que ce soit entre amis, entre membres d'une même famille, entre membres d'un même parti politique, entre collègues, entre supérieurs et employés, entre dirigeants et dirigés, envers son voisin et surtout envers son peuple. Pourquoi ? D'une part, en mentant nous méprisons celui à qui nous affirmons comme vrai ce que nous savons être faux et d'autre part,

---

17 Le père Goriot de H. de Balzac

nous perdons notre crédibilité et la confiance des autres. Kant disait que : « *l'homme qui ne croit pas à ce qu'il dit est moins qu'une chose* ». Le mensonge n'est pas un mécanisme qui facilite l'avancement. Quand il est confronté à la vérité, il s'enfuit et ne résiste pas à l'épreuve du temps. Ce qui est confirmé par un vieil adage haïtien : « *Trou menti pas fond*[18] » et également par un vieux proverbe arabe : « *La corde du mensonge est courte* ». Le mensonge ne fait pas vieux os, les dégâts qu'il cause sont immenses tant au niveau de la crédibilité que celui de la confiance. Aussi, la perte de confiance contribue à faire disparaître les liens de collaboration indispensables à la réalisation d'un projet ou à la construction d'une œuvre inachevée. Selon un reportage de Senc Burimi posté sur le site de RFI en date du 19 janvier 2013 à propos de l'entrevue accordée par Lance Armstrong à Mme O. Winfrey, nous lisons : *Lance Armstrong a avoué après dix ans de mensonges, mais au final il ne s'est pas vraiment excusé, allant même jusqu'à se trouver des excuses. Le croira-t-on ? Le pardonnera-t-on ? Bien-sûr que non, et il en est conscient quand il dit : « je suis prêt à passer le temps qu'il faudra pour faire amende honorable, sachant très bien que je ne convaincrai pas grand monde* ». Les faits sont têtus disait Lénine. Il lui sera difficile de rejoindre le peloton des gens honnêtes et rentrer la tête haute dans l'histoire des grands sportifs à l'instar des Pelé, Borg, Ali, etc. Le mensonge vient de tuer la carrière prometteuse d'un athlète qui avait fait les délices de plusieurs fans. C'est dommage !

Transposé sur le plan politique et de la gestion globale d'une nation, le mensonge est un irritant non seulement nuisible mais un irritant destructeur à tout dialogue constructif. Quand un dirigeant ou un politicien ou un leader ment, il perd en crédibilité, il viole le droit de faire connaître et de partager la vérité. La politique est l'établissement d'un rapport entre individus basé sur le consensus et la persuasion. Dans

---

18 Traduction libre : Le mensonge ne dure pas éternellement ou n'a pas de fondation solide

ce rapport, la vérité doit régner en maître si on se soucie de sa solidité et de sa survie. Certaines déclarations comme : « *Le mensonge fait partie du jeu politique* » (Pierre Lenain[19]), ou celle de Mme H. Arendt examinant les régimes totalitaires : « *La véracité n'a jamais figuré au nombre des vertus politiques, et le mensonge a toujours été considéré comme un moyen parfaitement justifié dans les valeurs politiques*[20]. » pourraient laisser croire que le mensonge est quelque chose de normal ou d'acceptable. Attention de ne pas tomber dans ce piège car en démocratie, la population a droit à la vérité.

Nous ajoutons que le mensonge ne peut contribuer à la consolidation de la justice, de l'éthique, de l'équité, ingrédients indispensables à la construction pérenne d'une nation, de la démocratie et d'une société de droit.

Bien sûr, le mensonge utilisé comme ingrédient dans nos rapports de communication a révolté certains de nos politiciens et analystes de la chose haïtienne. Feu le Professeur H. de Ronceray[21] dans un article intitulé « *Simples réflexions* » paru dans le journal Haïti-Observateur et signé le 2 février 2003 exprimait déjà à l'époque ses préoccupations sur le fonctionnement du système politique haïtien en écrivant : « *Une collectivité socialisée dans le mensonge, l'égoïsme, allergique à l'organisation, à l'ordre et à la discipline est condamnée à l'ingouvernabilité*[22]. »

Liliane Pierre Paul[23], dans une énumération des comportements néfastes qui semblent envahir notre sphère politico-sociale a, dans un article titré : « *La Grande Manip* » en date du 11 janvier 2011, placé le mensonge en tête de liste. Elle écrit : « *Le mensonge, le marronnage, le*

---

19 Pierre Lenain: auteur et écrivain

20 Hannah Arendt - 1906-1975 - Les origines du totalitarisme, Tome 3 : Le Système totalitaire - 1951

21 Sociologue et homme politique haïtien, Professeur de Ronceray a fondé le parti MDN (Mobilisation pour le Développement National) – Voir annexe I

22 Lire l'article en annexe

23 Liliane Pierre-Paul, journaliste haïtienne, photographe et copropriétaire de Radio Quisquéya

bluff institutionnalisé, les réflexes claniques, la perversion des valeurs citoyennes, le dévoiement des vertus démocratiques, l'absence totale de respect dans les rapports politiques et sociaux, le mépris de l'autre, la fuite en avant permanente, le refus du collectif et les pesanteurs d'un apartheid social qui ne dit pas son nom l'emportent malheureusement sur tout ». Sans peine, nous pouvons voir que certaines variables dans sa phrase sont très proches pour ne pas dire synonymes du mot mensonge (ex. le bluff institutionnalisé pourrait aisément se traduire par mensonge institutionnalisé). Il est clair que ces types de comportements dans nos rapports sociaux ne peuvent aider dans notre quête de bien vivre ensemble, à consolider les liens de confiance nécessaires à notre unité.

Le mensonge en politique dérange et décourage les honnêtes gens. Il éloigne plutôt que de rapprocher.

À cause de l'image que les gens se font des personnalités politiques, la politique n'attire plus les hommes et les femmes ayant un haut degré de moralité qui voudraient s'impliquer dans les affaires de la cité. Hélas ! Ils deviennent de plus en plus rares. C'est cette tendance que nous devrions renverser. Parlant de mensonge, M. Saint-Louis dans son article intitulé : Le mensonge en politique, écrit : « *...tout simplement parce que le peuple le récompense, car en fin de compte, c'est toujours le meilleur menteur qui gagne »*. Gagner sur la base du mensonge nous mène où ? Abraham Lincoln disait : « *Aucun homme n'a assez de mémoire pour réussir dans le mensonge.* »

À la fois comme observateur de la chose publique haïtienne et ayant vécu une bonne partie de notre vie là-bas, nous ne cessons de nous questionner sur les raisons expliquant le non-aboutissement des projets entrepris par l'État haïtien et sa fonction publique. Nous citons, parmi plusieurs, le projet de l'usine sucrière de Darbonne en banlieue de la ville de Léogane. Qui peut nous dire en toute honnêteté pendant combien d'années cette usine a fonctionné ? Combien de kilos de sucre sont sortis de cette usine ? Nous ne sommes pas les seuls à faire ce constat. Déjà, M. Fritz A. Jean, pressenti pour être premier ministre affirmait dans un discours le 26 février 2016 ceci : « *Sur plusieurs décennies, notre pays a par conséquent cumulé un ensemble de frustrations dues à des promesses non tenues. Les progrès souhaités ne sont pas arrivés et les problèmes non résolus ont créé des paralysies et une situation de moins en moins... agréable (sic).* » Est-ce par ignorance ou en connaissance de cause que les experts nous ont menti dès le début des projets ? Jacques Bichot[24], dans une réponse à un journaliste, dit ceci : « *Le mensonge et l'incompétence, ces deux ennemis de la vérité, sont les causes principales des maux dont nous souffrons* ».

Les spécialistes en sciences politiques semblent être unanimes en déclarant que les démocraties occidentales souffrent d'un déficit de crédibilité et de confiance à cause du comportement des élus et du mensonge en politique.

Lien de confiance

Tous ceux qui ont exploré la question de confiance dans tous ses contours sont unanimes pour reconnaître que la confiance est un ingrédient vital, essentiel dans la solidification des rapports sociaux, de collaboration et de bonne gouvernance. Confucius nous avait fait part de son opinion sur la question en disant : « *Une population ne peut être gouvernée sans confiance* ». Et, Hervé Sérieyx[25] d'ajouter que : « *la confiance est la force vive des sociétés en mutation, il faut donc tout faire pour qu'elle revienne et se développe* ». Quant à Alain Duluc[26], il écrit : « *la confiance*

---

24 Professeur émérite à l'Université Jean Moulin (Lyon), auteur du livre : Les enjeux 2012 de A à Z (Éditions le Harmattan)

25 Auteur de l'ouvrage : Confiance-mode d'emploi

26 Alain Duluc, Leadership et confiance, Dunod, 2008, p. 53

ne se décrète pas, elle se construit». C'est un grand défi qui se pose à nous comme peuple celui d'instaurer ou de réinstaurer la confiance entre nous et dans nos institutions, surtout celles qui ont pour mission de faire triompher la justice. B. Brault souligne à cet égard que : «*La confiance du citoyen repose en bonne partie sur le système de droit et de justice*[27]...» Elle n'est pas négociable dans la mesure où elle est un passage obligé et un prérequis incontournable à tout dialogue constructif, une condition plus que nécessaire à la réalisation de nos objectifs stratégiques partagés, compris et acceptés et à la continuité de nos actions dans le temps. Sans ce climat de confiance, les résultats seront plus difficiles à obtenir pour ne pas dire impossible. Nous n'aurons d'autre choix, d'ailleurs, que de vivre en partenaires respectés et respectueux. Et ce sera de moins en moins un choix pour devenir une nécessité car les ressources s'amenuisent et se font de plus en plus rares.

La revue de la littérature et certains travaux de recherche sur le sujet ont souligné que l'effort collectif est plus efficace quand les gens qui se font confiance, travaillent ensemble. Ce qui veut dire quand ils collaborent vers l'atteinte d'un même objectif, d'un même idéal élevé. Ils consacrent du temps et croient en des valeurs partagées. Cette collaboration mutuelle est génératrice de cette confiance qui conduit au succès. Stephen M.R. Covey nous fait remarquer à ce chapitre : «*Si elle est approfondie et exploitée au maximum, la confiance a le pouvoir de créer une réussite et une prospérité sans pareilles dans tous les aspects de la vie*».

Par contre, la rupture du lien de confiance établie entre électeur et l'élu, entre gouvernants et gouvernés et l'absence de confiance dans notre fonction publique entraineraient une perte de légitimité qui affecterait le bon fonctionnement de

---

27 Brault B., Exercer la Saine Gestion : Gouvernance, Éthique managériale et Audit de Saine Gestion, Publications CCH Ltée, 2011, p. 26

nos institutions et ouvriraient la voie à des manifestations violentes comme cela s'est produit dans un passé pas tout à fait lointain.

Cet apprentissage de travailler en équipe ou en réseau nous aidera à développer une culture de collaboration indispensable à l'établissement des liens de confiance et essentielle également à notre combat contre le sous-développement. « *yon sèl dwèt pa manje kalalou*[28]. » Cette variable appelée confiance, est si importante qu'il faut agir vite pour la restaurer dans nos relations. Son absence nous a causé déjà beaucoup de déboires et nos piètres performances sur le plan des réalisations sont le résultat de notre méfiance réciproque vis-à-vis de nos compatriotes et de nos partenaires. Jim Burke, ancien PDG de Johnson and Johnson disait : « *Sans confiance, vous n'obtiendrez pas de succès*[29]. » En fait, sans elle, nous ne sortirons pas de cette crise qui s'éternise d'année en année et cela depuis longtemps.

Malheureusement, force nous est donnée de constater et ceci avec regret et amertume que la grande majorité de nos compatriotes ont perdu confiance dans leurs dirigeants, dans leurs gestionnaires, dans les hommes politiques, dans leurs institutions, dans leurs leaders religieux et... en eux-mêmes. Point n'est besoin ici de souligner ou de récapituler les dires, les actes et les comportements qui ont détruit ce lien de confiance entre nous. Les causes sont nombreuses et notre histoire est peuplée d'exemples. Penser un moment à quelqu'un dont la famille a été assassinée et qu'après un certain nombre d'années les autorités continuent de lui répondre : *l'enquête se poursuit*. Nous sommes méfiants les uns envers les autres. Et ce constat a été fait par plusieurs observateurs de la scène nationale. Madame Odette R. Fombrun dans une communication parue dans la presse

---

28 Traduction libre : Un seul doigt ne peut vous aider à manger le gombo. Il en faut au moins deux
29 S.M.R. Covey, Le pouvoir de la confiance, Ed. First, p. 22, 2008

sous le titre : «*J'ACCUSE*» fait l'analyse suivante : «*Il est clair que cette culture [de la méfiance] rend très difficiles des francs échanges, des discussions fructueuses et ne favorise en aucune façon des constructions communes*». Le constat est sans ambages et les mots utilisés sont lourds de conséquence. Si le développement demeure la haute priorité de notre nation et si nous voulons réussir, nous n'avons d'autre choix que de créer des conditions opportunes à l'établissement de ce lien de confiance en surmontant nos éternels conflits et différences. C'est Liliane Pierre-Paul qui décrit bien la nécessité de reconstruire ce lien de confiance tout en mettant en perspective les sentiments et les comportements que nous devons annihiler. Elle lance ce cri d'alarme : «*Mais, Haïti va devoir surtout apprendre à constituer ou reconstituer sa force interne, recoudre, dans une nouvelle dynamique, le tissu social amoché par tant d'années de haine, de déchirements inutiles, d'affrontements stériles et sans grandeur, de pseudo-victoires et de trahisons assassines. Une nouvelle éducation pour la jeunesse livrée aux pires monstruosités, de nouvelles pratiques sociales, la réinvention du quotidien, de nouvelles approches sont nécessaires pour reconquérir la souveraineté confisquée. L'intégration nationale est déterminante, tout comme son pendant naturel, l'éradication de l'exclusion sociale de la masse. Car seule une vaste mobilisation patriotique, enfin libérée de nos atavismes et de notre individualisme archaïque et suicidaire, pourra garantir le relèvement du pays à moyen et à long terme au bénéfice de ses filles et de ses fils, sans exclusive*». Il y a dans ces deux déclarations un appel urgent à réévaluer cette absence de confiance, à examiner les causes qui en sont responsables et à prendre le taureau par les cornes en vue de redresser la situation. Il y a ici une urgence d'agir et d'agir vite et bien.

De quoi est-elle faite, la confiance, nous demanderont quelques-uns ? La confiance est tout simplement une relation à l'autre qui se fonde sur : le respect de la parole donnée, la crédibilité, l'honnêteté, le partage, l'ouverture d'esprit, l'adhésion aux valeurs et aux règles, l'équité, le respect de la diversité, le respect de son engagement, la pratique de la transparence.

La confiance est à la base de nos relations, de nos conversations, de nos rapports, de nos interactions et de nos consensus. Elle est un préalable incontournable et indispensable à tout dialogue national. Sans elle, nos tentatives resteront vaines et improductives. Joël Dreyfuss (2012) a-t-il vu juste en déclarant : « *Si, après 208 années d'indépendance, les Haïtiens ne peuvent pas aller les uns vers les autres et se faire confiance au-delà des barrières de classe, de race et d'histoire, alors aucune aide étrangère, quel que soit son montant, et aucune bonne volonté internationale ne sauvera Haïti.* » La confiance est la clé pour solidifier et accroître la portée des rapports entre nous. C'est un grand défi qu'il nous faut relever en tant que filles et fils d'une même nation, celui de bâtir ou de recréer ce lien de confiance. Ce n'est plus une option, c'est un passage obligé. Déjà en 1770, Edmund Burke opinant sur les Whigs disait ceci : « *Ils* [les Whigs] *estimaient que personne ne pouvait agir de façon efficace, s'il n'agissait de concert ; que personne ne pouvait agir de concert que s'il n'agissait pas en confiance ; qu'aucun homme ne pouvait agir en confiance s'il n'était lié aux autres par des opinions communes, des affections communes et des intérêts communs*[30]. » La confiance dans les autres diminue quand l'inégalité augmente.

La confiance ne se rétablira pas toute seule. Elle exige de la part de chacun de nous un effort de s'élever au-dessus de nos préjugés, de nos faiblesses, de nos stéréotypes et de nos barrières pour s'ouvrir à l'autre avec transparence, vérité,

---

30 Edmund Burke, On Government, Politics and Society, B.W. Hill, NY, International Library, 1976, p.113

loyauté, humilité et être mû par l'idée de bâtir quelque chose de solide en commun. Une relation de confiance intègre veut qu'il n'y ait pas de place pour la démagogie et le faux semblant. Nous ne pourrons pas entrer dans une relation génératrice de confiance avec cette idée continuellement en tête : « *se pran mwen vi n pran, mwen pa vi n bay*[31]. » La confiance ne se bâtit ni ne fonctionne sur de pareil axiome. Au contraire, elle se crée à partir de la collaboration, du comportement éthique et du partage. Lisons la démarche entreprise par les dirigeants de la république d'Irlande dont relate M. S.M.R. Covey dans son ouvrage : *Le pouvoir de la confiance* en regard à la confiance instaurée au sein de la population. M. Covey écrit ceci : « *Ils* [les dirigeants d'Irlande] *ont amélioré l'harmonie des relations sociales en faisant souffler le vent de la coopération, incité les expatriés à revenir au pays et contribué à faire de l'Irlande (1% de la population européenne) un des acteurs technologiques majeurs de notre époque. Ils ont su attirer les investisseurs étrangers (drainant près de 25% des investissements américains et européens). ... Les dirigeants de la république d'Irlande n'ont réussi ce pari que parce qu'ils ont fourni un effort conscient et collectif qui impliquait des commandements comme affronter la réalité, s'améliorer et fournir des résultats. C'est ainsi qu'ils ont construit leur crédibilité et leur confiance globale en tant que Nation*[32]. » Un autre exemple édifiant à souligner est celui du Danemark. Dans un article ayant pour titre : Danemark : *Une société homogène heureuse basée sur la confiance*, l'auteur écrit : « *Une fois par semaine, les jeunes danois abordent des thèmes de société en classe, et ce, dès le CP. Résultat, la confiance est profondément intégrée à la société. Huit personnes sur dix ont confiance dans leurs institutions et conséquence inattendue, les Danois sont enchantés de payer des impôts*

---

31 Traduction libre : Je suis venu remplir mon bol et rien à partager

32 S.M.R. Covey, Le pouvoir de la confiance, Ed. First, p. 378, 2008

même très élevés. Entreprises, familles, écoles, la confiance est donc un des piliers de la société, la clé du bonheur peut-être bien[33]. »

Autant d'enseignement qui nous commande d'évaluer notre situation, de faire l'analyse objective de la nature de nos rapports et explorer les voies et moyens conduisant à des solutions pratiques capables de faire disparaître ce climat de méfiance à tout jamais. La réponse, comme nous l'avons déjà souligné, ne peut venir d'un seul individu ou d'un petit groupe. Elle doit être collective puisqu'elle s'adresse à un nombre de plus en plus large de nos compatriotes. La confiance est absente quand les inégalités sont palpables et croissent.

Dans un contexte aussi difficile qu'est le contexte haïtien, il sera bon de garder en tête constamment ce conseil d'A. Dubuc : « *Gagner la confiance des autres peut prendre beaucoup de temps alors que la perdre peut aller très vite et parfois de manière irréversible[34].* » En un clin d'œil.

La culture peut-elle aider ?

Ouf ! La présente réflexion serait inachevée si la variable culture n'était prise en compte dans le débat. Voici un sujet que beaucoup d'entre nous n'aiment pas aborder ou analyser à travers le prisme de la politique. Il n'est pas seulement complexe à l'analyse, il est nébuleux et difficile de dessiner ses contours. Certains diront qu'il y a autant de définitions qu'il y en a d'auteurs qui ont abordé la question de culture. Pourtant, la culture a un sérieux impact sur la vie politique et sur le développement de notre pays puisqu'elle intéresse et conditionne directement la conduite de nos gens dans la société. Elle n'existe pas dans un vide, elle est présente dans nos agissements, dans nos institutions, dans nos rapports avec les uns avec les autres. Un regard objectif sur

---

33 www.fdesouche.com

34 A. Dubuc, Leadership et confiance, Dunod, 2008, p.71

ce lien épineux (culture, politique et développement) exige courage, audace, lucidité et clairvoyance dans un pays où le mot culture peut être polysémique.

Dans cette réflexion, nous retiendrons parmi différentes définitions celle de la sociologie laquelle, étudiant les rapports humains, stipule que la culture correspond à *l'ensemble des valeurs, des normes sociales, des croyances, de modes de vie socialement hérités et transmis qui orientent les conduites des membres d'un groupe social ou d'une société.* Cette définition suggère que la culture représente un tout où entrent différents ingrédients : valeurs, croyances, modes de vie, les coutumes, les arts, la langue, la religion, l'éducation, l'économie, les systèmes de connaissances, les modes d'expression et de création artistique, le folklore, l'activité politique, etc. La difficile question à se poser naturellement : Comment ces ingrédients culturels influencent-ils la vie politique ? Débat difficile et complexe.

En tout cas, nous serons tous d'accord pour dire que les ingrédients culturels d'une société diffèrent dans leur application et dans leur interprétation d'un pays à un autre. La multiplication des croyances (judaïsme, hindouisme, bouddhisme, islam, christianisme, vodou, etc.), des types de danses, des styles d'habillements à travers le monde montrent les différences qui existent parmi les peuples et ne représentent que des exemples parmi tant d'autres. La culture chinoise est différente de celle de l'Inde.

Évidemment, chaque peuple vivant sur la planète terre est fier de sa culture, de sa langue, de ses traditions, de ses us et coutumes et est prêt à tout faire pour assurer leur survie. Ce qui à nos yeux est très légitime.

Toutefois, notre intention ici n'est pas de reprendre le sujet comme élément d'étude ou de recherche puisque une panoplie d'écrivains, d'anthropologues ou penseurs haïtiens et étrangers ont déjà apporté une grande contribution à la littérature déjà abondante sur la culture haïtienne, ici, nous sommes surtout intéressés par les valeurs dégagées par cette culture, ses liens avec la politique et son impact sur les attitudes politiques des hommes et des femmes de chez nous et sa contribution au bon fonctionnement de nos institutions. Serge Regourd dans un article ayant pour titre : *La culture comme enjeu politique* se demande : *Peut-on abstraire la culture des rapports de pouvoir ?* Non, puisque tout est interconnecté et la culture, en général, reflète un ensemble de valeurs à travers nos institutions. Mentionnons que dans l'article : *Simples réflexions*, Hubert de Ronceray, semblait faire le lien entre culture et politique. Il affirmait : « *Pour comprendre un peu le système politique haïtien, il faut effectuer un plongeon dans nos résistances culturelles, dans notre système de valeurs.* »

En fait, la culture haïtienne comprend beaucoup de sous cultures : artisanat, langue créole, traditions africaine, indienne, occidentale, danse, religions (catholique, protestant, vodou, franc maçonnerie...), les proverbes, les contes, les combats de coqs, la musique et ses différents rythmes, le kombite[35], le folklore, la littérature... sans oublier le fait qu'elle subit constamment l'influence d'autres cultures telles que américaine, européenne, sud-américaine, etc. Ce qui amène certains auteurs à parler de syncrétisme dans le cas du culturel haïtien, lequel (le syncrétisme) selon Larousse, représente la synthèse de deux ou plusieurs traits culturels d'origine différente, donnant lieu à des formes culturelles nouvelles.

Quand nous parlons de culture, nous parlons de relation, de communication, de socialisation, d'interaction, d'influence puisqu'elle est dynamique. Idéalement, si nous acceptons de

---

35 Moment où parents et entourage travaillent ensemble dans un contexte où l'apport de plusieurs bras est requis. Ex. : lors d'une récolte.

vivre à des degrés divers comme peuple d'une même nation à l'intérieur d'un même cadre culturel, c'est parce que la culture nous rassemble et nous permet d'entretenir des rapports les uns avec les autres. C'est ce que J. J. Rousseau appelle le contrat social.

Si en même temps, nous désirons interagir avec le reste du monde et entrer dans la modernité, notre culture devrait sûrement comporter au moins un certain nombre de valeurs universelles qui définissent notre appartenance à la mosaïque humaine. Les valeurs sont considérées comme importantes dans une société puisqu'elles sont supposées structurer nos comportements. Elles nous aident dans notre conduite en société. Elles ne doivent pas être vues comme des concepts abstraits mais doivent trouver un ancrage concret dans nos organisations et dans nos pratiques quotidiennes. Nous les reconnaissons dans les pratiques qui sont surtout visibles dans les grandes institutions. Par exemple, la valeur morale d'une entreprise repose sur celle des individus qui la composent. Quelles sont-elles, ces valeurs ?

Généralement, nous nous attendons à ce que la culture haïtienne charrie des valeurs dites universelles et partagées au sein de la société comme le respect sous toutes ses formes (respect de la vie d'autrui, le respect du bien public, respect de l'opinion de l'autre, le respect des différences, le respect de la loi, etc.), la liberté, l'égalité devant la loi, la justice, la paix, l'ordre social, le travail, la solidarité, la famille, la non-violence, l'engagement civique, la loyauté, la protection de l'environnement et du territoire, la responsabilité, le rendre compte, la santé pour tous, l'éducation pour tous, le partage, la réconciliation, le bonheur, l'hospitalité, autant de valeurs qui se réclament de la démocratie lesquelles devraient nous permettre de nous engager solidement dans la voie du développement et du vivre ensemble. C'est Albert Camus qui disait : « *La société de l'avenir n'est qu'une abstraction, si ces valeurs ne sont pas comprises et vécues dans la société d'aujourd'hui.* »

De façon pragmatique, dans la vie quotidienne, ces valeurs, sont-elles vraiment des composantes de notre culture ? Notre comportement collectif reflète-il la mise en action de ces valeurs ? Les ingrédients de notre culture emprisonnent-ils notre esprit et notre intelligence et nous empêchent-ils de progresser ? Certains éléments de notre culture comme certaines croyances (mythes et légendes) nous orientent-ils vers le développement ? Si notre culture est retenue dans la prison de la tradition, comment peut-on parler d'évolution dans son cas ? Comment peut-elle s'ouvrir et s'arrimer sur les autres cultures si elle demeure repliée sur elle-même ? Il y a quelque chose ici à creuser davantage dans l'obligatoire débat sur le lien entre culture et politique.

En effet, depuis plus de trente ans maintenant, le discours politique dominant chez nous, qu'il soit prononcé par des acteurs de gauche ou de droite, se réclame de la démocratie comme système politique. Or, la réalité du terrain démontre une distorsion, un déséquilibre entre le discours des acteurs politiques, la pratique politique et les résultats constatés. Dans les faits, nos leaders ont du mal à organiser des élections honnêtes et démocratiques même avec le soutien des étrangers. Nous citons pour exemple la situation politique qui a suivi le premier tour des élections présidentielles du 25 octobre 2015. Résultat : aucun président élu à l'issue du scrutin. Certains observateurs de la chose publique se plaignent de la violation de la loi mère dans son application. Qui connait cette expression : *Konstitisyon se papye*! Le respect de la vie des gens ne fait pas partie du décor, la liberté de circulation jour et nuit semble appartenir au rêve puisqu'à certaines heures, il y a des quartiers à éviter. L'impunité devient la norme. Le maintien de la précarité des systèmes éducatif, judiciaire et sanitaire est contraire aux valeurs qui devraient nous cimenter comme la solidarité, l'ordre social, le développement et l'avancement. La notion de responsabilité a perdu tout son sens. Le tissu social se désagrège année après année. Nous continuons à compter les assassinats en pleine rue, les kidnappings. Devant ces constats, nous sommes en droit de nous poser la question suivante : Sommes-nous vraiment prêts à embrasser le système démocratique et ses valeurs comme système politique pour la bonne marche des affaires de la cité ? Le sociologue haïtien Billy François dans une émission diffusée sur MCTV (Ch. 283 Comcast, Massachussetts) déclare que la société haïtienne est misogyne et patriarcale. Si sa proposition s'avère exacte, pouvons-nous dire qu'une telle société est prête et ouverte à la démocratie ? En tout cas, inutile de préciser ici que s'il n'y a pas adéquation entre nos valeurs culturelles et celles de la démocratie, nous nous leurrons lamentablement et nous poursuivons notre égarement collectif sous le regard amusé du reste du monde. Si nous ne changeons pas d'approche et clarifier ce que nous voulons vraiment comme système politique, ne soyez pas étonnés des résultats, des conditions de vie de nos compatriotes et du niveau élevé de la pauvreté de notre pays. Le marronnage, le désordre social, par exemple, n'ont pas leur place en démocratie. Il est temps de scruter si les valeurs de notre culture sont compatibles avec celles de la démocratie afin d'éviter toute cacophonie. La démocratie tend à privilégier la raison au détriment des croyances superstitieuses et erronées lesquelles cherchent à expliquer le monde par des forces surnaturelles. Au lieu d'affronter nos difficultés, chercher des solutions justes et efficaces à nos problèmes, d'approfondir la réflexion ensemble sur des enjeux complexes qui nous concernent, il nous est plus facile de prendre la tangente de sortie en nous réfugiant dans des croyances qui n'ont rien à voir avec notre réalité. Nous prenons pour habitude de dire que notre pauvreté, c'est à cause de l'autre, que le blanc a un plan bien concocté pour nous empêcher d'avancer, qu'Haïti est une terre glissante, qu'il faut s'enrichir (peut-être voler) au plus vite... Est-ce correct d'entretenir de telles pensées ? Faisons ensemble la réflexion sur le rapport entre nos valeurs culturelles et celles de la démocratie durant ce dialogue.

Face au statuquo, le découragement s'installe. Certains expliquent mal notre nonchalance face à l'impunité. Au lieu de faire face à nos défis et prendre le destin de la nation en main, nous nous tournons vers les instances internationales (encore vers les autres !) pour voler à notre secours. Les gens ont l'impression que nous faisons du surplace. Une crainte, une certaine détresse et un niveau de désenchantement se dessinent à l'horizon avec la montée des voix qui se questionnent sur le choix supposé de la démocratie comme système politique en Haïti. Dans notre environnement immédiat, certains interlocuteurs parlent de changement de mentalité parce qu'ils croient que le véritable changement doit passer au niveau de l'esprit. Nous entendons des réflexions comme celles-ci : Haïti a besoin d'un dictateur aux gants de velours. Haïti n'est pas prête pour la démocratie, la démocratie à l'occidentale ne convient pas à Haïti... En fin de compte, nous semblons perdus, désorientés et confus. Savons-nous réellement ce que nous voulons comme système politique ? Sans hypocrisie, répondons honnêtement à cette question.

Notre tumultueuse histoire nous met en garde contre de telles réflexions car les dictatures qu'elles soient de droite ou de gauche sont à éviter comme la peste. Ainsi, devrions-nous, si nous voulions embrasser la modernité, faire preuve de courage et d'audace pour rompre définitivement d'avec certaines pratiques qui n'ont plus leur place dans le présent siècle. Certaines valeurs que charrie notre culture seraient-elles les causes de nos déboires ? La question mérite d'être soulevée et approfondie.

Peut-on éviter ces sujets dans notre recherche de solutions ?

Non, ils sont incontournables puisque nous subissons périodiquement les conséquences désastreuses de leurs impacts dans notre vie de peuple. Ils demeurent incontournables parce qu'ils sont antinomiques au développement et aux valeurs qui le structurent comme la justice, la morale, l'éthique, l'équité, la paix et l'ordre. Nous voulons le développement mais malheureusement, nous sommes encore hors d'état de le faire. Il est hautement recommandé que ces cinq sujets *(la violence, l'injustice, le mensonge, le lien de confiance, les valeurs culturelles)* se retrouvent dans l'agenda et soient débattus au plus haut degré. Qu'ils fassent l'objet d'une attention particulière auprès des intervenants en plus, de considérer les autres préoccupations qui sont aussi importantes les unes par rapport aux autres. Ce sont des sujets complexes qui devraient intéresser tout le monde si nous croyons qu'ils représentent de véritables pesanteurs dans notre effort collectif de vouloir améliorer les choses. Ils sont incontournables et méritent définitivement d'être approfondis dans la perspective de neutraliser les irritants et les freins. Les ignorer ou les minimiser ne peut que nous empêcher à mieux définir et à mettre en place de nouvelles stratégies pour résoudre nos problèmes. La recherche constante des voies et moyens pour les annihiler s'impose comme un absolu. Passer à côté de ces sujets sans y faire face nous condamne à vivre continuellement dans le déni et à prouver continuellement notre incapacité.

Considérations sur les voies et moyens à explorer

Plaidoyer pour un vrai dialogue national constructif

Dans l'état actuel des choses et devant ce constat d'échec

collectif, n'y aurait-il pas lieu d'apporter et d'explorer des idées nouvelles, d'autres paradigmes et de prendre en compte, enfin, d'autres opinions lesquelles à première vue peuvent nous sembler incongrues, contradictoires mais en regard desquelles nous n'avons jamais pris le temps de les examiner à cause de nos peurs, nos préjugés et de nos stéréotypes ? De nouvelles idées devraient faire partie du débat haïtien. Nous avons toujours compris que ce sont les idées qui mènent le monde et qui sont à l'origine des grandes transformations sociales. Christ et les douze apôtres continuent jusqu'à aujourd'hui de modeler le monde par leur discours humaniste et juste. Les idées qui ont traversé le siècle des Lumières remettaient tout en question et les philosophes de cette période exploraient de nouvelles avenues qui allaient bouleverser les sociétés européennes d'alors et dont l'impact se fait sentir jusqu'à présent. De grands personnages comme Martin Luther King, Gandhi, Nelson Mandela ont marqué l'humanité par leur discours sur la non-violence. Plusieurs siècles plus tard, les écrivains, les philosophes, l'homme politique, le professeur, le milieu des affaires et du management s'inspirent encore des travaux des philosophes de l'Antiquité, des réflexions de Descartes, des découvertes de Pascal et consorts. Un travail de profonde réflexion entre haïtiens, par les haïtiens et pour les haïtiens fait dans un esprit d'ouverture et de bonne volonté s'impose aujourd'hui afin de cesser de patauger constamment dans la bêtise et la noirceur et de cesser de chercher la lumière en plein midi.

Cette réflexion doit se tenir en toute liberté, sans complaisance et dans la transparence et ne doit pas être une redondance des idées surannées maintes fois ressassées qui n'ont pas donné de résultats bénéfiques à notre avancement, ni basée sur notre manie de dénoncer les problèmes sans pour autant en saisir les causes, sans jamais proposer de solutions véritables et durables pouvant résister à l'épreuve du temps. Un dialogue constructif renvoie à la nécessité d'orienter notre pensée collective sur du concret, sur du faisable et de ne pas détourner nos regards de la réalité. La bonne volonté, le discours et le rêve ne se transformeront pas en réalité, ni en résultats si nous ne prenons pas le taureau par les cornes c'est-à-dire si nous ne nous attelons pas à la tâche et relever le défi engendré par des années d'égarement. Un tel effort de réflexion ne pourra être valide qu'à partir d'une évaluation objective de nos échecs passés et des perspectives que nous offrent les années à venir dans un monde en perpétuelle mutation. Haïti est un pays pauvre et c'est en travaillant, en utilisant notre intelligence collective grâce à nos compétences riches et variées, en bâtissant et en mettant nos efforts en commun que nous pouvons créer la richesse et apporter notre contribution effective au développement certain de ce pays qui nous est cher. Il n'y a pas de honte d'être né pauvre, mais il est honteux de rester dans la pauvreté quand nous ratons nos rendez-vous avec l'histoire en laissant passer les opportunités et les occasions d'en sortir et de progresser.

Patrice Talon, nouveau président du Bénin confiait à RFI après un meeting en mars 2015 : « *On ne peut pas se satisfaire des succès* (1804 ! Peut-être dans le cas d'Haïti !) *qu'on a eus dans une vie antérieure et rester dans ses souvenirs de gloire. Il faut que notre pays aille mieux pour que chacun vive mieux* ». En un mot, il faut avancer.

À la stratégie de dénonciation, d'attente et de contemplation, mettons-nous de préférence en mode de recherche de solutions à nos problèmes lesquels ont pour noms : ignorance, analphabétisme, pauvreté, insécurité, raréfaction, détérioration du tissu social, taux de mortalité élevé, injustice, détérioration du niveau de vie, fuite de cerveaux, fuite de capitaux, fuite de nos jeunes, détérioration de notre système de production, détérioration de l'environnement, absence de valeurs, absence de leadership, boat people, déclin du système éducatif, violence, corruption, absence de sentiment d'appartenance, service public laissant à désirer, manque d'éducation civique, déficit d'éthique, etc.

Le moment est venu de faire cette introspection collective, la vraie, laquelle consiste à faire l'analyse objective d'une situation qui perdure depuis des lunes, à identifier nos forces et nos faiblesses, à soulever les vraies questions pour ne pas commettre les mêmes fautes et répéter les mêmes erreurs. Cessons de fuir nos responsabilités en accusant et en rejetant le blâme constamment sur l'Autre (se zòt!) soit disant responsable de tous nos maux. L'écrivain ivoirien Tibuce Koffi dans un article paru sur le site Slate en avril 2011 qui a pour titre : *Côte d'Ivoire : la faillite des intellectuels* partage avec nous ses inquiétudes quant à notre manie de rejeter le blâme toujours sur l'autre : « *cet Autre c'est, bien sûr, le blanc, l'Occident, l'impérialisme* ». De grâce, laissons « l'Autre » se reposer et concentrons-nous sur la résolution de nos propres problèmes. À notre avis, il est temps de nous ressaisir et de prendre en main notre destinée et ne pas éternellement nous égarer comme le suggère M. Alain Mabanckou « *dans les méandres d'un passé cerné sous l'angle de la légende, du mythe, et surtout de la « nostalgie »*. Bâtissons ensemble l'avenir au moins sur ce qui nous unit ! La réflexion devrait commencer en scrutant et en reconnaissant les raisons de nos échecs collectifs, ceci dans le but de revoir nos façons de faire, de penser, de remettre en question nos mécanismes de gouvernance et d'offrir de nouvelles propositions pour sortir de cet état de peuple sous-développé, considéré par certains comme faisant partie des pays du quart monde. Nous devons éviter de tomber dans le piège de la supériorité intellectuelle et de vouloir occuper la scène à tout bout de champ sans être capables d'identifier les problèmes qui nous rongent et d'offrir de vraies solutions comme réponses à nos maux. Il convient aujourd'hui de regarder notre compatriote comme quelqu'un ayant du potentiel et capable d'apporter sa contribution à l'édifice national. Ne dit-on pas qu'on a toujours besoin d'un plus petit que soi. Le temps est venu de faire preuve d'humilité et de reconnaître, au même titre et dans l'égalité, l'apport de l'autre à la construction nationale.

Nous saluons l'infatigable travail et l'effort continu de tous ceux et celles qui consacrent leur énergie à soutenir quotidiennement les actions de réhabilitation de nos compatriotes victimes des effets dévastateurs du tremblement de terre du 12 janvier 2010, de l'ouragan Matthew, de ceux et celles qui continuent d'apporter leur contribution à la reconstruction nationale en réponse aux besoins immédiats et urgents visant à soulager la souffrance de nos hommes et femmes ainsi que de leurs progénitures. Toute action ou tout projet visant à changer la face de ce pays dans le sens du bien collectif doit être hautement considéré et apprécié. Cependant, il n'y a rien qui nous empêche de poursuivre et de renouveler la réflexion afin d'ajuster nos consensus aux réalités du moment en vue de faire mieux. Saisissons ce momentum, pour réaliser ce qui est beau, durable et profitable au bien-être de nos gens et de celui de nos générations futures. Donnons-nous un lieu de rassemblement pacifique où nous pouvons avoir des échanges fructueux et, de la richesse des points de vue multiples naîtront un plan de travail et des chantiers importants de réalisations qui redonneront espoir et dignité. En réfléchissant ensemble et en travaillant ensemble, nous ferons taire le scepticisme ambiant et faire reculer la peur de voir grand et pourquoi ne pas saisir l'occasion pour signer un pacte éternel de bien vivre ensemble. Nous entendons les sceptiques qui disent : Hum ! Cet homme-là est en train de rêver. Oui ! Nous sommes capables de faire et de bâtir les choses autrement. Apprenons à travailler et vivre ensemble !

La complexité des problèmes et la qualité des réponses à apporter aux maux de notre nation et aux demandes sociales font que nos politiciens et nos leaders les plus brillants et de bonne foi passent pour être des « gens sans vision » ne sachant pas comment ou étant incapables de soulever les vraies questions qui nous hantent depuis 1804. Sommes-nous conscients que la problématique n'est pas simplement et seulement d'ordre politique, économique, sociale, culturelle mais elle est surtout d'ordre moral et éthique ? Avons-nous appris à soulever et à traiter de façon objective et intégrée les questions concernant la violence, le mensonge, la perte de confiance, l'injustice, l'impact de nos valeurs culturelles, des légendes et des croyances sur le développement du pays, la dépendance maladive de toujours s'appuyer sur l'étranger ? Avons-nous osé aborder la question de la gouvernance de notre pays et de ses institutions sous l'angle de l'équité, de la sécurité, de la transparence, de la participation, de l'inclusion, de la redistribution, du rendre compte et du respect des lois ? Avons-nous déjà posé cette question : Quel est le système politique qui convient le mieux au développement économique d'Haïti ? Sommes-nous plutôt confortables dans la mendicité, dans le désordre social et le statut quo ? L'éthique, fait-elle encore partie de notre système cognitif ? Sommes-nous prêts à ce véritable changement qui exige le courage d'actualiser nos Lois et leurs corollaires en l'occurrence, nos codes, nos politiques, nos règlements, nos directives tout en tenant compte des réalités du présent siècle comme l'apparition des médias sociaux et l'internet, la mondialisation, le commerce transnational ? Sommes-nous équipés et outillés pour résoudre nos conflits de façon non violente ? Désirons-nous vraiment traiter ces paradigmes dans le cas haïtien ? Lequel de nos dirigeants d'État a abordé ces questions dans leurs liens les uns avec les autres et a fait preuve de leadership nécessaire pour y trouver réponse ? Si nous pensons que la réponse à nos maux se trouve dans des schémas élaborés ailleurs, dans des façons de faire qui sont applicables en tous lieux, nous nous trompons royalement. Cela s'appelle fuir nos responsabilités, singer, faire de l'aveuglement volontaire et nous réfugier perpétuellement dans le marronnage. Devrions-nous continuer à faire du rapiéçage tout en sachant très bien que sans un cadre juridique fonctionnel dans le bon sens du terme qui reconnaisse la souveraineté de la Loi et la primauté du droit, sans une structure organisationnelle opérante à tous les niveaux avec les compétences à la bonne place et fondée en même temps sur des valeurs comme la justice, l'équité ? Sans un solide questionnement, nos essais nous conduiront toujours à l'échec et au désordre. L'autre disait : « *les mêmes causes produisent les mêmes effets…* » Les leaders dont le pays a besoin sont ceux et celles qui sont habités par la vérité. Fuir ou faire taire la vérité est improductif. Celui ou celle qui refuse de voir ou d'affronter la vérité ment à lui-même ou à elle-même. C'est le sociologue Slavoj Zizek qui nous enseigne : « *La vérité n'est pas hors de nous, elle est en nous. La vérité n'est pas à chercher ou à repousser loin de nous, la vérité est en nous.* » Si nous continuons à la refouler, elle nous suivra partout comme notre ombre et nous tourmentera, à moins de vivre en harmonie avec elle. Refuser de regarder la vérité, c'est s'enliser dans la médiocrité. Nous devons commencer l'apprentissage d'accepter les réalités telles qu'elles se présentent, de prendre le temps de réfléchir à leurs propos et trouver des réponses optimales à nos difficultés. Y faire face signifie faire preuve de grandeur et de responsabilité.

Nul besoin de développer toute une rhétorique pour expliquer les raisons de nos échecs collectifs. Les constats et résultats parlent d'eux-mêmes. Le calvaire de nos compatriotes au Brésil, aux Bahamas, en Équateur, dans les bateys en République dominicaine, l'odyssée de nos boat people en pleine mer, pour ne citer que ces exemples, illustrent magistralement notre incapacité de bâtir, de développer et d'entretenir, pour la prospérité de notre peuple, cet espace géographique connu sous le nom de : Haïti.

Aujourd'hui, il est urgent d'élever un peu plus haut la réflexion dans le cadre d'une approche collective, comme le demandent d'ailleurs depuis belle lurette plusieurs de nos compatriotes comme Dr T. Delpé par exemple. Appelez-la comme vous voulez, conférence nationale, table ronde nationale, États généraux, table de concertation, conférence haïtienne, table de réflexion, kombite national, dialogue national et j'en passe. Cette réflexion commune s'impose aujourd'hui plus que jamais dans notre recherche de solutions à la condition de soulever au bord de la table les vraies questions. N'est-ce pas la très honorable Michaëlle Jean devant l'impasse politique qui perdure en Haïti lançait dans une déclaration en date du 14 mai 2012 ayant pour titre : *De notre entière responsabilité*, ce cri de dernière chance, en écrivant : « *Médiocres, si nous refusons le dialogue et le compromis historique salutaire au nom du bien commun, du pays à refonder, d'une Haïti nouvelle à créer* ». Les voix se convergent de plus en plus vers la mise en place de ce dialogue national et c'est tant mieux pour Haïti.

Ce dialogue est plus que nécessaire tout en reconnaissant que nous avons des points de vue différents, des croyances différentes, des façons différentes de définir les problèmes, des professions, des valeurs, des intérêts différents et pour arriver à rendre effectif ce dialogue, nous devons trouver un terrain d'entente, transcender nos différences, élaborer un cadre commun de références pour être capable de travailler ensemble ce qui est crucial pour la qualité du débat et de la vie démocratique. Ce dialogue ne peut voir le jour que si, face à face et ensemble, des haïtiens et des haïtiennes de différents horizons social et politique veulent coopérer avec l'intention honnête de bâtir Haïti autrement.

Ce dialogue collectif ne doit pas réunir une clique d'amis ou uniquement des compagnons d'université, de quartier ou de clan. Non ! Il se veut plus large et plus inclusif, sans discrimination et sans préjugés où, entre autres, l'homme et la femme de Bombardopolis, les haïtiens de la diaspora, le diplômé de la Sorbonne, l'agriculteur de Cerca-la-Source, le professeur et l'enseignante de Port-à-Piment et de Saltrou, le journaliste, le clergé et autres segments de la société peuvent partager leurs idées et être entendus. Ils sont membres à part entière de la solution puisque aucun d'entre nous ne possède le monopole des idées. C'est Alvin Toffler, dans son livre ayant pour titre : *Le choc du futur*, qui disait ceci : « *Hélas ! Aucune idée, ni la mienne ni la vôtre, n'est universelle.* »

Aujourd'hui, plus que jamais, la nouveauté et la complexité des questions dans le cas de notre pays exigent l'apport de plusieurs intelligences. Évitons de tomber dans le piège de la république de Port-au-Prince, au contraire, élargissons le champ de nos interventions dans les coins les plus reculés du pays et au-delà. Comme le soulignait le *Commandante Marcos* de l'armée zapatiste dans un article paru dans le monde diplomatique du mois de juillet 2000 en ces termes : « *La transformation d'une réalité ne peut être le fait d'un seul acteur aussi fort, intelligent, créatif et visionnaire soit-il. Ni les intellectuels, ni les acteurs politiques et sociaux ne suffisent pour mener à bien cette transformation. C'est un travail collectif* ».

Organiser un lieu où tous les habitants du pays et ceux de la diaspora aimeraient faire entendre publiquement leur voix, avoir la possibilité d'influencer l'orientation politique de la nation, définir une vision commune, s'asseoir autour de la table pour exprimer leurs opinions et entendre celles des autres peut s'avérer techniquement difficile voire impossible. Cependant, nous devons nous offrir un moyen de participation et nous pouvons y arriver en demandant aux populations des différentes régions du pays et dans la diaspora par le biais du processus démocratique de choisir et de déléguer le plus qualifié ou la plus qualifiée ou le plus représentatif ou la plus représentative d'entre elles, celui ou celle qui est capable d'exposer leurs vues, d'écouter celles des autres participants, de partager et de comprendre les doléances des différentes régions du pays et d'explorer avec ses collègues les barrières, les freins, les forces, les faiblesses, les voies et moyens dans cette recherche de solutions pour construire l'avenir. Un nombre se situant aux alentours de 50 délégués pourrait être suffisant pour la réussite d'un tel dialogue. Les participants prendront des engagements négociés et dignes de bonne foi pour organiser l'avenir et obtenir l'unanimité au sein de la population condition préalable à leur implication. Cette proposition n'exclut pas le fait que ceux et celles qui le désirent de soumettre des mémoires faisant état de leurs points de vue et recommandations sur un ou des sujets d'intérêt public. Nous ne pouvons plus nous payer le luxe de minimiser le poids des idées dans le débat haïtien. Notre succès réside alors dans notre capacité de tirer de toutes les idées ce qu'il y a de bien et de meilleur pour le bénéfice du pays.

Ce besoin de promouvoir ce dialogue national n'est pas un sujet nouveau, d'autres avant nous en ont parlé et souhaité. Des tentatives de ce dialogue national ont même été initiées ou menées officiellement. Nous voulons pour preuve cette partie d'un courriel du Dr Volvick R. Joseph daté du 25 juin 2012 adressée à M. S.H. Moïse qui se lit comme suit : « *L'Histoire retiendra, à la gloire du Président provisoire, Me Boniface Alexandre, qu'une Commission fut officiellement formée avec des représentants authentiques de secteurs clés de la Nation et présidée par feu l'Archevêque François Gayot. Pour avoir activement participé à ces travaux, je puis affirmer que le Rapport de la Phase préparatoire du Dialogue National, a été officiellement remis au Président Préval, conclusions et recommandations incluses. Et depuis, le rideau est tombé*[36]... » De même un personnage comme Michel Gaillard, homme politique haïtien, écrivait, dans un article paru en novembre 2009 sous le titre : *Résistance et dialogue – Dialoguer et résister*, ce qui suit : « *Dialoguer aussi entre nous, citoyennes et citoyens, pour*

---

36 Voir le courriel du Dr V. R. Joseph en annexe II

bâtir une réelle Alternative en rupture avec l'ordre et les pratiques établis ». Sûrement, il y a eu d'autres appels de ce genre et il y en a eu. Notons celui de Me Jean-Henry Céant en date du 18 novembre 2012 : « *Cette réorientation exige : engagement, consensus et compromis. Elle tirera tout le bien possible d'un dialogue nécessaire, franc, serein, loin de toute arrogance, entre partenaires nationaux et internationaux ouverts aux horizons d'un monde solidaire et en permanente concertation, tenant compte positivement de la géopolitique et de l'Amitié Internationale vraie* ».

La problématique est de savoir si nous sommes prêts à organiser ce vrai dialogue inclusif. Sommes-nous franchement prêts à nous asseoir ensemble sans agenda personnel et avons-nous le courage de soulever les vraies questions et traiter des sujets dérangeants comme l'insécurité, l'ordre, l'injustice, la bonne et saine gouvernance, la pauvreté, etc. de façon intégrée ? Comment les prioriser et quelle forme doit prendre ce dialogue pour que les idées qui font consensus ne se retrouvent à tout jamais dans un tiroir fermé à double tour et qu'aucune suite véritable n'aura été donnée ? Les acteurs autour de la table seront-ils ouverts aux nouvelles idées et prêts à écouter et à contribuer sincèrement et honnêtement à l'avancement de notre société ?

L'unanimité semble acquise pour la mise en place de ce dialogue national. Tout le monde en parle et le souhaite. Cependant, ce dialogue pour être authentique exige plus de confiance en nous même, plus d'ouverture, plus d'objectivité et plus d'effort de nous accepter et accepter notre concitoyen comme partenaire porteur également de valeurs.

Une visite des articles, des entrevues et des commentaires de nos compatriotes sur la toile autour de la question haïtienne révèle un ensemble intéressant de propositions et suggestions parfois semblables à des degrés divers. Ces dernières mériteraient d'être approfondies mais hélas ! Leurs auteurs se retrouvent éparpillés sur les cinq continents. Dans un tel cas, comment faire pour assurer leur participation à ce débat national ? Grosse question !

Notre propre apport à ce débat d'idées est de dire que les facteurs, entre autres, qui empoisonnent le développement de ce pays et par ricochet ses ressources humaines sont identifiées comme suit : *la violence, l'injustice, le mensonge érigé en système de communication dans nos rapports les uns avec les autres et envers nous-mêmes, l'absence de confiance.* L'ensemble de ces variables ont des liens très étroits et méritent d'être analysées séparément en tant que de puissants freins dans notre vif désir de vouloir faire mieux. Nous faisons partie de ceux et celles qui continuent de croire que le salut de notre pays passe inévitablement par la revalorisation de la femme et de l'homme haïtiens aussi bien sur les plans intellectuel, professionnel que sur les plans de la justice, du patriotisme, de l'éthique et de la morale. Un changement s'impose dans nos anciennes façons de voir et de faire les choses. Notre espoir est que ce vrai débat ait lieu entre les haïtiens de manière qu'il ouvre la voie à des travaux et à des efforts soutenus pour construire une économie forte, des relations politiques intègres et une société plus juste, et éradiquer toute forme d'injustice et d'oppression. Nul ombre dans notre esprit que ce dialogue n'est possible que dans l'acceptation de l'autre comme partie prenante de la solution. Il est utopique de penser que seul et isolé, quelqu'un puisse saisir de par lui-même tous les aspects du fait haïtien dans toute sa réalité. Il ne peut le comprendre, l'analyser et trouver des solutions communes adéquates uniquement dans la mesure où plusieurs de ses semblables en parlent et échangent mutuellement. Un tel dialogue offre cette possibilité.

Pourquoi ?

Pourquoi amener ces points dans le débat aujourd'hui à un

moment où nous nous débattons pour faire fonctionner nos institutions, à un moment où nous faisons de notre mieux pour rendre le système éducatif adaptable et efficace, à un moment où des démarches sont en cours pour signer des contrats avec les institutions et compagnies internationales en vue de créer des emplois, à un moment où nous nous débattons pour éradiquer l'insécurité, la corruption, relancer l'économie, la production alimentaire et améliorer le système de santé? Si ces questions sont soulevées ici, c'est parce que les approches que nous empruntons d'habitude ont produit dans le passé des résultats qui sont jugés plutôt maigres après plus de 200 ans de vie de peuple indépendant. Si elles n'ont pas atteint leurs objectifs, c'est uniquement qu'elles n'ont pas été supportées par un système de valeurs qui cimente nos actions individuelles et collectives. C'est parce qu'il a une absence flagrante d'obligation de résultats de la part de nos gouvernants et de ceux et celles qui sont responsables de la conduite des projets ou des affaires de la cité. Nous sommes passés maîtres dans l'art de construire le contenant et non le contenu, peut-être par coquinerie, par paresse ou par cécité intellectuelle. Nous sommes toujours en situation de réaction au lieu d'être en mode proactif. Entre la bonne volonté et notre capacité réelle de faire bon usage de nos ressources, il y a un abîme. Le rêve n'est pas synonyme de réalité. Certains de nos amis nous diront que nous n'avons pas les moyens de nos ambitions. Peut-être! Mais... pourquoi? Eh bien! Parce qu'il y a beaucoup de gaspillage de ressources. Comment expliquer que nos élites intellectuelles et scientifiques dans leur grande majorité se retrouvent-elles en terre étrangère? Nous avons été surpris de constater lors de nos différents séjours en Amérique et de l'autre côté de l'Atlantique le nombre d'haïtiens, d'haïtiennes qui partagent leurs savoirs dans les universités étrangères, le nombre de nos compatriotes qui excellent dans les hôpitaux un peu partout à travers le monde. Ils sont présents dans les affaires économiques d'outre-mer.

Ils commencent à occuper l'espace politique sur d'autres points du globe. Leurs travaux et leur contribution à l'avancement des sciences et de la technologie sont reconnus. Aujourd'hui, un de nos compatriotes a écrit l'histoire en siégeant comme membre à part entière de l'Académie française. Une des filles d'Haïti est devenue Chef d'État d'un des pays riches et industrialisés du monde et aujourd'hui, responsable de la Francophonie. D'autres exemples pourraient s'ajouter, comme celui de M. Verret, élu président de l'Université Xavier en Louisiane, avec toujours le même constat ils sont utiles ailleurs plutôt qu'au sein de la mère patrie.

Ce constat confirme que nous sommes capables de grandes choses. Pourquoi Haïti, n'es-tu pas en mesure de bénéficier de l'expertise collective de tes enfants pour ton propre développement? S'ils brillent sous d'autres cieux, c'est parce que tu les avais, soit eux ou leurs parents, bien nourris dans leur enfance mais devenus grands, beaucoup d'entre eux ont regagné malgré eux d'autres rives en quête de nouvelles opportunités pour gagner leur pain et vivre dignement. Leurs compétences sont utilisées ailleurs, non pas au profit de tes enfants qui y sont restés. L'argent que tu reçois de l'extérieur pour ta survie ne suffit pas car tu risques de t'éterniser dans ce cycle de dépendance chronique. Ce dont tu as surtout besoin, ce sont la compétence et l'intelligence de tes enfants de la diaspora et de tous tes enfants capables d'agir comme agents d'un véritable développement. Les spécialistes en développement sont unanimes pour dire qu'Haïti doit accueillir ses fils et ses filles ainsi que ceux et celles de la diaspora qui ont acquis des connaissances et des compétences en gestion, en gouvernance et dans d'autres domaines du savoir. Sans aucun doute, tes enfants connaissent mieux ta réalité. N'est-il pas écrit quelque part : *Mon peuple périt faute de connaissance?* Sans connaissance, sans compétence ton avenir reste incertain.

Le bénéfice avec nos frères et sœurs de la diaspora est la

très forte probabilité que l'échange serait plus constructif, le transfert des connaissances plus effectif et l'apprentissage plus solide pour des raisons de langue, de culture, d'histoire, de références communes et surtout parce qu'ils vivent eux aussi le problème de la mère Patrie dans leur âme d'haïtien et d'haïtienne. Récemment, nous avons suivi une émission ayant pour titre : *Malédiction d'Haïti*. Maman, c'était un débat te concernant sur le site web : Public Sénat, diffusé le 19 janvier 2008, avec comme invités madame Christiane Taubira[37] et trois autres panélistes. L'animateur qui conduisait le débat eut à dire dans ses propos d'introduction : *Comment Haïti peut-elle se sortir de ce que certains ont perçu comme une malédiction ?* Notre incapacité à nous prendre en main semble lui donner raison. Qu'as-tu fait, maman Haïti, pour mériter un tel sort ?

D'un autre côté, la très honorable Michaëlle Jean[38] d'ajouter dans sa même déclaration du 14 mai 2012 ceci : « *J'ai mal à mon cœur d'Haïtienne d'être interpellée par ceux, sourire en coin, qui tirent la ligne et ne voient plus en Haïti qu'un pays foutu, déliquescent, sans boussole, sans État, sans avenir, un tronc pourri, un monde de corruption et, certains n'hésitent pas à le dire, d'incapables* ». En tout cas, les faits démontrent que ni la droite, ni la gauche n'ont pu apporter une solution à tes maux. Serais-tu condamnée pour toujours ? Nous espérons que non.

À travers notre grille d'analyse, nous avons de la difficulté à comprendre, à l'aube du 21ème siècle, notre incapacité à transformer nos approches en de meilleures pratiques visant le développement durable de l'être haïtien sur les plans social, économique, moral et intellectuel. Nous devons aborder avec courage et intelligence les aspects sociaux, moraux,

---

37 Christiane Taubira, députée, ministre de la Justice française, femme politique française née en Guyane

38 Michaëlle Jean, 27e Gouverneure générale et commandante en chef du Canada d'origine haïtienne de 2005 à 2010

politiques et économiques d'une problématique qui perdure et qui exige que l'homme haïtien doive être son propre agent de développement et de transformation.

Tout en reconnaissant que les transformations sociales prennent du temps et beaucoup de temps comme en témoigne le cas de l'Afrique du Sud avec ses 3 à 4 siècles d'Apartheid, sans vouloir citer notre propre situation (1492 -1804 : 3 siècles et plus d'esclavage), nous croyons nécessaire d'ajouter au débat les idées et les préoccupations citées précédemment et qui nous apparaissent comme les prémisses sur lesquelles nous devons porter également nos questionnements et explorer ensemble d'un commun accord les stratégies susceptibles de nous aider à contourner ou à faire disparaître ces obstacles qui entravent notre développement. En tout cas, nous devons commencer un jour.

Les avantages du dialogue national

En voici quelques-uns :

Si le dialogue est conduit de façon structurée et avec la participation effective de tous les acteurs issus de différents milieux, sans aucune discrimination, il ne peut être que bénéfique et salutaire à notre grande soif de poser les fondements solides de la démocratie et du développement.

Il aide à mettre en place des processus adaptés de communication et de négociation qui demandent une forte implication et un engagement sans réserve de la part des acteurs locaux.

Il offre l'avantage de soulever les vraies questions qui nous tourmentent dans l'optique de trouver les réponses opportunes, identifier nos forces et nos faiblesses, élaborer des stratégies gagnantes qui tiennent compte de nos réalités endogènes, évaluer les moyens et les ressources dont nous disposons pour faire avancer nos projets.

Il permet de dégager un leadership collectif qui sert d'exemple et également témoigne de notre grande capacité à faire l'apprentissage de la pluralité en renversant les barrières de toutes sortes qui nous empêchent de communiquer, de travailler ensemble, de nous engager les uns envers les autres et d'établir des partenariats à la fois stratégiques et fonctionnelles.

Le dialogue facilite également une grande diffusion et un partage de l'information de façon à permettre à tous et à toutes de se faire un jugement éclairé sur les événements et d'en arriver à de bonnes décisions pour le pays. La rétention de l'information n'a plus sa raison d'être dans le contexte d'un tel dialogue.

Le dialogue a l'avantage de nous permettre d'explorer les besoins des régions reculées, les problèmes de pénétration, de production, de circulation de personnes, de biens et de services ainsi que des normes nationales de sécurité à élaborer et à faire respecter.

Le dialogue, comme lieu d'échange et de recherche de nouvelles avenues, fera appel aux acteurs de la coopération internationale qui veulent nous accompagner. Il évaluera et encouragera les pratiques effectives qui contribuent à notre développement en tant que Nation.

Le dialogue évaluera les raisons pour lesquelles les propositions soumises dans des études antérieures sur différents sujets touchant les intérêts nationaux n'ont pas eu de suite et fera des propositions qui doivent obtenir l'unanimité soit par voie référendaire ou par l'assemblée des élus. En aucun cas, le dialogue comme lieu de rencontre ne peut prétendre remplacer les prérogatives de l'exécutif.

Le dialogue sera le lieu où les participants définiront et proposeront le cadre à partir duquel s'insèreront les mécanismes de la bonne gouvernance lesquels favoriseront l'obtention des résultats désirés et fera la promotion de l'imputabilité.

Le dialogue réunira également des experts patriotes de tout horizon intellectuel et scientifique autour de la table pour explorer les réponses à apporter afin de prévenir ou réduire les conséquences résultant des catastrophes naturelles et des fléaux comme, entre autres, le choléra ou le sida.

Pourquoi ne sommes-nous pas capables de mettre en place un tel dialogue ? Un dialogue constructif, permanent, réfléchi et pas uniquement celui répondant aux cas d'urgence et de crise.

Dialogue national : le cadre de travail

Les prérequis

D'abord, nous devons être conscients qu'un tel dialogue tant désiré réunira autour de la table des haïtiens, haïtiennes de divers horizons politiques (droite, gauche, centre droit, centre gauche, etc.) et de professions différentes (médecin, technicien du bâtiment, avocat, ingénieur, leader religieux, agronome, chauffeur, capitaine de navire, infirmière, etc.) ayant des perspectives et des réponses différentes sur nos problèmes et sur les questions d'intérêt national. Pour éviter la cacophonie et le désordre, nous devons nous donner un cadre de références négocié et bien défini qui servira de boussole à la bonne conduite des travaux et facilitera les mécanismes de fonctionnement. Sans une définition claire de ce cadre de travail et l'obtention d'un consensus autour de ses éléments constitutifs, nous continuerons à entretenir l'ambiguïté et souffrir des intrusions répétées de l'arbitraire et de l'incohérence.

Il ne suffit pas simplement de définir les ingrédients comme les règles, les procédures, les responsabilités, les échéanciers, etc. qui caractériseraient le cadre de travail, il est impératif également que le contexte dans lequel évolueront les rapports et la collaboration des acteurs soit connu, compris et accepté mutuellement.

Démocratie et bonne gouvernance

À la vérité, quand des gens s'unissent et se rassemblent pour travailler à la réalisation d'un projet ou à l'élaboration d'une idée ou d'une vision, la politique avec un grand P s'installe sournoisement et occupe une place prépondérante dans leurs rapports. Sa présence est plus qu'évidente au niveau de la gestion d'un pays ou dans le cadre d'activités réunissant plusieurs personnes d'horizon social différent et de compréhension différente des choses. Au nom de l'harmonie et dans la certitude que tous adoptent un cadre de référence facilitant le contexte de travail, nous proposons ici de maintenir ce dialogue national avec pour toile de fond : la Démocratie et la bonne gouvernance. Situons ces deux variables dans l'analyse sociale.

Faisons un peu de kilomètres supplémentaires en explorant ces deux thèmes.

La démocratie, de quoi s'agit-il ?

D'entrée de jeu, nous devons préciser qu'au lendemain du 7 février 1986, il nous a été donné d'observer la naissance ou l'apparition de plus en plus active de plusieurs groupes sociaux ou partis politiques dont leurs leaders et responsables politiques mettaient en relief la démocratie en Haïti. Le monde entier était prêt à appuyer la population haïtienne dans sa marche vers la démocratie plus précisément les pays identifiés comme les pays amis d'Haïti. Les différentes dénominations attribuées aux partis politiques ou à certaines institutions en font foi. Nous les connaissons presque tous : ODPH, PDH, RDC, UPD, MIDH, PNDPH, FNCD, KID, FD, PDCH, ID, FAD, PDI, PADH, IMED[39], etc. Ils ont quasiment tous pour dénominateur commun la lettre « D » qui signifie soit démocratie, soit démocratique ou démocrate selon la lecture que nous faisons. L'unanimité semble s'installer au sein de la population haïtienne pour que la démocratie soit considérée comme système politique servant de cadre de fonctionnement et de protection pour contrer toute forme de gouvernement totalitaire ou dictatorial. Elle implique également l'existence et la jouissance des libertés publiques telles que celles de la presse, d'association, de réunion, de cultes, etc. La table semblait être mise pour une nouvelle ère dans la gestion des affaires de la cité.

Démocratie ! De quoi s'agit-il au juste ? Tout d'abord, il nous

---

39 Voir les significations à l'annexe III

a semblé bon de proposer ici, par nécessité de clarifier les concepts, une définition du terme démocratie et ensuite poser la question suivante : quels sont les piliers sur lesquels se structure la démocratie ?

À la vérité, le mot démocratie a donné lieu à toutes sortes d'interprétation. Nitti[40] fait remarquer que le vocable démocratie est employé à tort pour indiquer soit un état d'âme, soit une condition sociale ou encore certaines habitudes strictement personnelles. Cette polysémie du terme ne nous a pas empêchés de constater tout simplement que la démocratie est une tendance universelle qui a pour racine : **liberté**.

Cette liberté n'est pas l'apanage d'un groupe donné, ni réservée à une classe ou à des systèmes donnés qu'ils soient de droite ou de gauche. Rousseau disait « *La liberté n'est dans aucune forme de gouvernement, elle est dans le cœur de l'homme libre* » (Émile livre 5, p. 857). Cette liberté est pour tout le monde, pourvu qu'elle respecte les limites indiquées par les principes de justice. Thomas De Koninck, philosophe et auteur de l'ouvrage : *De la dignité humaine*, disait que : « *la liberté fait partie de l'essence de l'homme* » et il ajoute « *qu'elle en constitue son principal titre de dignité* ». C'est Aristote qui disait : « *Le principe fondamental du gouvernement démocratique est la liberté* ». Et à ce chapitre, Nitti opine en relatant ce qui suit : « *La liberté est la condition de tous les progrès de l'esprit humain et la base des transformations sociales les plus profondes. Elle est, sous toutes ses manifestations, la base nécessaire au développement du rationnel* ». En somme, sans liberté, pas de démocratie. Maurice Duverger dans son ouvrage : Les régimes politiques, écrit : « *Le but profond de la démocratie est, en effet, d'assurer à chaque être humain une liberté aussi grande que possible dans la vie en communauté*[41]. »

---

40 Nitti, auteur italien

41 M. Duverger, Les régimes politiques, PUF, 1965, p. 21

Ceci dit, la démocratie est un système politique à légitimité électorale, résultant d'un consensus concrétisé par la Loi mère, laquelle est plébiscitée par une forte proportion de la population. Elle est cette forme de vie politique que se donne un peuple afin de résoudre pacifiquement les conflits entre ses membres dans le respect de la Constitution, des Lois et des résultats des référendums devant lui permettre de s'épanouir, de vivre en paix et de se développer. La démocratie ne peut se dissocier de la justice puisque cette dernière conditionne et façonne l'État de droit. Elle, la justice, est le fondement de notre conception partagée de la démocratie.

Carlo Guarnieri et Patrizia Pederzoli dans leur ouvrage : *La puissance de juger*, (p.178) déclarent ceci : « *Une démocratie avec un pouvoir judiciaire puissant est une démocratie forte, qui offre plus de garanties à ses citoyens* ». La démocratie comme principe politique, garantit l'égalité et la liberté entre citoyens, quelles que soient leurs convictions, leur culture et leur identité, pour autant qu'ils respectent les lois établies.

La démocratie a pour colonne vertébrale : Liberté, montée sur des piliers fermes appelés :

a) Égalité devant la Loi

b) Droit égal d'accès à une fonction élective et publique

c) Droit égal de parole pour tous,

Ces éléments constitutifs qui supportent la démocratie ou plutôt ces piliers qui sont à la base de sa réalisation, peuvent être définis comme suit :

1er pilier : Égalité de chacun devant la Loi. Cette dernière ne fait acception de personne ni ne fait la distinction de races, de rang, d'origine, de classe ou de richesse ou de couleur. Tous nos citoyens et citoyennes doivent être traités de la même façon devant la Loi. L'égalité de tous devant la Loi n'est possible que si la Loi est la même pour tous. Aucune discrimination n'est permise. C'est ce que veut la démocratie. La Loi confère un droit égal à un système adéquat de libertés et de droits de base égaux à tous et à toutes. Elle leur accorde les mêmes droits et les mêmes punitions, posant les mêmes limites et assure la participation équitable à la vie publique et à la distribution des richesses. Portalis disait de la Loi : « *elle permet ou elle défend ; elle ordonne, elle établit, elle corrige, elle punit et elle récompense* ». Du moment où des individus ou des groupes d'individus ne sont pas justiciables, ils sont des hors-la-Loi. L'injustice s'installe et la liberté des autres se trouve menacée quand la Loi est absente. C'est dans le souci de répartir équitablement la jouissance des droits que les auteurs de la *Déclaration des droits de l'homme et du Citoyen* en son article quatre (4) donnèrent à la liberté la signification suivante : « *La liberté consiste à pouvoir faire tout ce qui ne nuit pas à autrui : ainsi, l'exercice des droits naturels de chaque homme et* [nous ajoutons de chaque femme] *n'a de bornes que celles qui assurent aux autres membres de la société la jouissance de ces mêmes droits. Ces bornes ne peuvent être déterminées que par la Loi* ». Liberté ne signifie pas libertinage. La justice, celle qui s'appuie sur la primauté du droit et de la Loi, est un des éléments constitutifs de la démocratie. Le philosophe Alain l'avait bien compris et écrivait : « *La démocratie n'est pas le règne du nombre mais de la Loi, du droit* ». Tout gouvernement ou tout système politique qui ne reconnaît pas le droit des citoyens, qui fait fi de la Loi, ne peut se réclamer de la démocratie. En bafouant le droit des autres, les détenteurs du pouvoir ne font que générer des sous-hommes c'est-à-dire des citoyens de second rang.

2ème pilier : Droit égal d'accès à une fonction élective et/ou publique. Chaque haïtien, chaque haïtienne a un droit égal de postuler à toutes les fonctions sur la base de son mérite et de ses compétences. En démocratie, il n'y a ni charges ni fonctions héréditaires. Toute personne a un droit égal de participation à une élection. Pour cette raison, Nitti n'hésite pas à écrire : « *En démocratie, l'État, devant les fonctions politiques, ne reconnaît pas de famille, mais des hommes et des femmes qui s'équivalent et qui ont les mêmes droits. Le choix ne doit être déterminé que par les aptitudes réelles de ces hommes et de ces femmes indépendants ou par leurs aptitudes que les citoyens leur reconnaissent.* » Ce qui implique la possibilité pour tout individu de participer librement et démocratiquement au processus politique. Ainsi l'homme de Bombardopolis, la femme de Cercle à la source, le citoyen de Port à Piment, la citoyenne de Petit-Goâve ainsi que celle de la Gonâve, le Capois et la Capoise et nous en passons, ont un droit égal à l'accessibilité d'une fonction publique ou élective. Ils ont un droit égal quand ils se présentent devant les suffrages populaires et ce, dans des conditions de juste égalité des chances. L'exclusion est une négation de la démocratie. Rappelons ici que les points cardinaux de la démocratie sont l'élection, la participation, la représentation et la reddition des comptes bien sûr. Et E. H. Eisenstadt (1992) de nous dire : « *Il est essentiel, pour la viabilité d'un régime démocratique, qu'aucun groupe, aucune catégorie ou institution de la société ne puisse effectivement monopoliser les ressorts du pouvoir et ses ressources, et ne puisse exclure la possibilité pour les autres groupes d'accéder éventuellement au pouvoir.* »

3ème pilier : Droit égal de parler. Aucune démocratie ne peut se concevoir sans liberté d'association, de réunion et de parole. Que chacun puisse parler ! disait l'autre. La démocratie est le lieu du dialogue et de la communication, c'est elle qui donne aux plus faibles la possibilité d'être entendus. Elle est aussi recherche systématique de la critique des oppositions, car la critique est l'essence de la démocratie. Elle ne peut progresser que dans la confrontation permanente des thèses opposées. Les régimes totalitaires ne tolèrent pas la critique. Un peuple sans liberté de parole, sans assemblée de représentants élus démocratiquement pour délibérer sur ses intérêts, incapable d'exercer ses droits civiques, sans presse, sans liberté d'opinion et sans droit au suffrage universel est considéré comme un peuple esclave et par ricochet socialement mort.

Si l'un des trois piliers majeurs du contrat démocratique fait défaut ou est absent, la démocratie demeure un rêve, une vue de l'esprit et non une réalité. Le simple refus d'accepter le contrat démocratique dans son application intégrale peut très vite nous conduire à l'obscurantisme, à l'autoritarisme et à l'arbitraire et laisser le champ libre au despotisme. Nous savons que la nature a horreur du vide. Si nous avons choisi de défendre la démocratie comme réponse politique à la situation haïtienne, c'est parce qu'elle sert de rempart pour contrer les régimes autoritaires et despotiques, c'est parce que c'est le seul système nous dit Alain Touraine qui permet de faire vivre ensemble des individus et des groupes à la fois différents et semblables, c'est la reconnaissance de l'autre comme apportant une réponse particulière, différente de la nôtre, à des interrogations communes. C'est ce qu'exige un vrai dialogue. Si nous défendons la démocratie c'est parce qu'elle est une revendication et un espoir. Espoir de se soustraire du volontarisme présomptueux d'un homme ou d'une femme ou d'un groupe. Si nous la défendons c'est parce qu'elle concourt à la création de la stabilité politique nécessaire comme condition préalable au progrès d'une économie durable.

Un pays ne devient pas démocratique du jour au lendemain. Il se donne les moyens pour le devenir. Il lutte quotidiennement et pacifiquement en vue de sauvegarder, entretenir et renforcer les acquis démocratiques comme la liberté de parole et la défense des droits de liberté par exemple. Ainsi que l'histoire l'atteste, la démocratie est le résultat d'une longue évolution historique qui a surtout pris son envol au

XVIIIe siècle avec Jean Jacques Rousseau connu comme le plus grand théoricien de la démocratie.

Quand elle est véritablement appliquée dans tous ses aspects c'est-à-dire quand la demande de liberté et de participation émane de la population, quand l'équilibre des pouvoirs est manifeste, la démocratie offre la stabilité politique nécessaire au développement économique et par conséquent moins exposée aux révoltes et au désordre social. Elle permet l'instauration d'institutions politiques plus efficaces pour le développement économique et la bonne gouvernance. Elle assure une certaine continuité dans l'administration de nos institutions même si la population change les acteurs politiques par le biais des élections. Enfin, la démocratie est synonyme d'État de droit et contribue plus que tout autre système à l'instauration d'une structure de bonne gouvernance.

Pour l'instant, la démocratie semble faire des bonds en avant : les dictatures qui sévissaient en Amérique latine avec les généraux ont quasiment disparu. Les régimes totalitaires de l'Est semblent appartenir à une époque révolue. L'Afrique progresse lentement mais sûrement sur la voie démocratique.

Loin d'être parfaite, la démocratie semble résister mieux dans la durée que les autres systèmes politiques. La chute du mur de Berlin nous en dit long. Winston Churchill disait à juste titre : « *La démocratie ? Le pire des systèmes, mais il n'y en a pas de meilleur*[42]. »

La démocratie et l'économie de marché...

Il est utopique de parler de démocratie comme réponse politique sans parler en même temps de la réponse économique, l'une ne va pas sans l'autre. Les deux réponses sont

---

42 J. Lesourne, Démocratie, marché, Gouvernance, Quels avenirs?, Éd. Odile Jacab, 2004, p. 48

intimement liées. La réflexion doit s'articuler désormais autour de la question suivante : Quel est le système politique qui aiderait le mieux au développement économique d'Haïti de façon à ce que ce développement soit réel, palpable et durable ? Pour un pays aussi pauvre qu'Haïti, cette question devrait nous hanter chaque jour, nous enlever notre sommeil, être creusée et débattue en toute objectivité et sérénité. Dire qu'Haïti est un pays pauvre n'est pas honteux, au contraire ce qui est honteux, c'est de ne rien faire de valable pour sortir ce pays de son état actuel. Comment reconnaissons-nous qu'un pays est riche ? En voici quelques indices. Un pays est riche quand sa gouvernance est bonne et respecte les principes de justice, d'équité et de moralité. Il est riche quand il peut donner à sa population, tout niveau social confondu, un accès effectif à un système adéquat de santé et à un bon système d'éducation et de formation qui tient compte de ses besoins réels immédiats et futurs lui permettant d'affronter les défis du siècle présent et de ceux à venir. Il est riche quand sa production globale peut satisfaire les demandes de sa population dans des conditions d'hygiène de grande qualité. Il est riche quand la population peut avoir accès à de l'eau potable, à l'énergie sous tous ses aspects et se procurer des produits alimentaires saints. Il est riche quand sa population peut circuler d'un point à un autre et vivre dans des conditions environnementales satisfaisantes et ce, en pleine sécurité et en paix. Il est riche quand la société valorise l'initiative, l'innovation, la recherche et la connaissance sans lesquelles l'offre et la demande seraient stagnantes et l'économie souffrirait.

À la vérité, la littérature tend à confirmer que seuls les pays où la démocratie a cours comme système politique c'est-à-dire là où le suffrage universel fonctionne régulièrement, sincèrement et librement, réussissent mieux leur développement économique. Périclès constatait déjà que le développement de la richesse et de la puissance d'Athènes est le résultat du régime démocratique. Dulce Maria Cruz Herrera, dans son article qui a pour titre : *La crise démocratique haïtienne : l'anéantissement d'un peuple*, fait remarquer que « *La démocratie, le développement et le respect de la totalité des droits de l'Homme et des libertés fondamentales sont inter-dépendants et synergiques* ».

Le système économique associé à la démocratie est l'économie de marché. Elle se définit comme une organisation sociale où des sociétés d'individus produisent des biens et des services les uns pour les autres, doivent passer par le marché pour socialiser leurs activités économiques. Elle permet la libre circulation des biens et des services entre agents économiques pour la satisfaction de leurs besoins. Elle est aussi espace de compétition qui incite davantage à faire mieux donc, elle sous-tend l'idée de progrès. C'est le contexte du régime démocratique qui offre au marché cette liberté de pouvoir fonctionner et aux Haïtiens et Haïtiennes talentueux de se faire connaître et se développer.

Si le lien entre démocratie et économie de marché est incontournable, c'est parce qu'elles ont en commun des facteurs solidaires qui favorisent l'épanouissement de l'homme et de la femme en tant que citoyen, citoyenne et par voie de conséquence le développement de la cité. Ces facteurs sont : la créativité, l'action, le changement, l'éducation, l'ouverture, la compétition avec des règles justes et équitables, l'expression et la résolution pacifique des conflits, le libre choix, l'innovation artistique et scientifique. Un système démocratique est mieux approprié pour l'éclosion de ces facteurs et l'économie de marché pour en favoriser leur développement. Notre lutte pour le développement économique d'Haïti ne saurait s'accorder d'un système politique dans lequel la démocratie est absente. Est-ce pourquoi, nous croyons que pour sortir du gouffre : Il faut repenser le discours et nos façons de faire, retenons ce qui est bien et valorisant de notre passé pour faire avancer la démocratie.

Toute la difficulté qu'éprouve Haïti aujourd'hui, réside dans l'incapacité de nos dirigeants successifs à définir clairement, au préalable, la nature de leur politique économique que sous-tend leur pratique politique. Il y a ambiguïté. Sommes-nous en économie planifiée ou en économie de marché ? Une réponse claire à cette interrogation nous permettrait de mieux comprendre les rouages du système politique actuel en Haïti et pourquoi il existe un frein à notre développement. Cette ambiguïté entretenue sur le lien **politique-économie** désoriente les agents économiques et acteurs sociaux et provoque ce que J. Bénard appelle : « *Le freinage du sens de l'initiative* ». Seule la démocratie comme système politique peut aider à libérer le génie collectif du peuple haïtien et conduire le peuple haïtien sur la route du développement. Il ne faut pas se leurrer, car, nous ne pourrons pas soutenir financièrement nos projets sociaux, nos handicapés, nos aveugles, nos jeunes, nos enfants, nos démunis, nos adultes, nos sans-abris sans mettre ce pays au travail dans ce cadre : Démocratie et économie de marché.

Le contrat démocratique doit être l'élément central qui dirige nos comportements lors des débats où chaque participant a le droit propre de s'exprimer en toute liberté, de revenir aux valeurs de liberté, d'égalité et de fraternité. Seule la démocratie offre le progrès pour tous.

La bonne gouvernance

La démocratie aura vraiment un sens et l'État de droit sera une réalité permanente dans notre vie de peuple à la condition que ces notions décrites plus haut soient ancrées dans l'ADN de nos institutions au sein desquelles nous retrouvons les leaders qu'il faut. Elles ont besoin en plus d'être bien structurées pour être capables d'en faire la promotion et assurer leur pérennité. En démocratie, les peuples pour bien se conduire ont de tout temps besoin de lois comme cadre de références pour régler pacifiquement leurs conflits et leurs différends et également comme outil de cohésion sociale. La Constitution d'un pays, appelée Loi mère, joue dans cette perspective un rôle majeur dans un État de droit. C'est elle qui va orienter et influencer les formes et les caractéristiques des institutions qui seront nécessaires ainsi que les résultats attendus d'elles. La Loi mère constituant la charte d'une société bien organisée assure et encadre l'application des principes de la démocratie.

L'être humain étant ce qu'il est, sujet à l'ignorance et à l'erreur comme toutes les intelligences finies pour répéter Montesquieu dans *l'Esprit des lois*, ne peut vivre en communauté sans se donner des règles de conduite pour sa gouverne collective. L'exemple vient du TRÈS-HAUT qui n'a pas laissé les hommes sans gouverne. Les livres d'Exode et du Deutéronome contiennent bien des préceptes qui témoignent des lignes de conduite à suivre, comment se comporter et charrient avec eux tout un ensemble de valeurs. En effet, au Mont Sinaï, DIEU dicta ses commandements à Moïse afin d'instruire le peuple pour que ce dernier sache comment se conduire et se comporter selon les standards de son royaume. Or, le problème avec nos hommes et nos femmes qui refusent d'appliquer, d'obéir ou de respecter la Loi et la législation de leur pays pour leur gouverne, se résume bien dans ce que nous dit le juge Gomery dans un article paru dans la Presse de Montréal ayant pour titre « *C'est pire que je crois* » et nous citons : « *Mais les failles les plus importantes ne sont pas dans la Loi, elles sont surtout dans la moralité des gens chargés des administrations publiques*[43]. » Cette remarque constitue tout un défi à surmonter dans la pratique de la bonne gouvernance tant et aussi longtemps que l'application de la justice continue d'être un irritant pour nos dirigeants. Pierre Rosanvallon, dans une interview ayant pour titre : *Gouverner aujourd'hui, c'est séduire pour survivre*, accordée à C. Daumus et J.

---

43 Op. cit. Journal la Presse, 25 novembre 2012

Bouchet-Peterson du Journal Libération le 23 août 2015, déclare : « *La démocratie a longtemps été liée à un culte de l'impersonnalité dans la mesure où la loi était plus importante. Être simplement gouvernés par la loi, c'était la vision des révolutionnaires français, l'exécutif n'avait qu'une mission technique. Mais il (l'exécutif) est devenu un pouvoir central et c'est lui qu'il s'agit aujourd'hui de faire rentrer en démo-cratie* ». Pouvons-nous passer d'une culture dictatoriale à une culture faisant la promotion de la démocratie ?

Bien que nouvellement prononcé sur toutes les lèvres, le mot gouvernance n'est ni un concept nouveau, ni une nou-velle trouvaille. Ces dernières années, le mot gouvernance semble revenir en premier plan sur le terrain des affaires tant privées que publiques et est devenu un mot à la mode. À la vérité, on en parle depuis des siècles. En témoignent les livres écrits par des auteurs anglais tels que rapportés par Marc Huffy dans son livre : *Jeux de gouvernance : Regards et réflexions sur un concept.* (p.15) :

Sir John Fortescue (1394-1476) : **The Governance of England**

Sir Thomas Elyot (1544) : **The Image of governance, compiled of the actes and sentences notable, of the moste noble Emperor Alexander Severus, late trans-lated out Greke into Englyshe**

Thomas Becon (1566) : **The Governance of Vertue : tea-ching all faithful christians how they ought daily to lead their life and fruitfully to spend their time unto the GLORY of GOD and the health of their own souls**

Aujourd'hui, la gouvernance est un mot qui fait partie du dis-cours des leaders politiques de ce monde dans leur quête de trouver réponse à nos maux dans un monde de plus en plus secoué par toutes sortes de scandales et de calamités comme les cas de fraude, de corruption, de détournement de fonds, de pays mal gérés et endettés jusqu'au cou, des accidents écologiques comme celui de BP au sud de la Floride, l'évasion fiscale (Panama Papers), les inquiétudes suscitées par le changement climatique et la famine au Soudan, sans compter le cas de la Grèce, etc. La notion de gouvernance a été remise en selle sur la scène internationale dans les années 1980 par les bailleurs de fonds comme la Banque mondiale (BM), le Fonds monétaire international (FMI), l'Organisation de coopération et de développement économique (OCDE) soucieux d'assurer l'usage optimal de l'aide financière aux pays en voie de développement. En Amérique du Nord, la question de la gouvernance est amorcée peu avant 2002 surtout dans la foulée des scandales financiers qui ont secoué cette partie du Continent.

Pourquoi en parler aujourd'hui ?

Il nous paraît important de maintenir ce sujet à l'avant-scène à un moment où la gestion des affaires de la cité laisse à désirer, des manifestations de protestation enregistrées ici et là dans différentes villes d'Europe résultat de la situation financière difficile des habitants dans des pays comme l'Espagne, la Grèce, le Portugal et à divers degrés l'Italie et la France commandent une réévaluation des modes de gestion et par ricochet celle des acteurs qui ont la responsabilité de la conduite des affaires. Il y a nécessité de poursuivre le débat au sujet de la bonne gouvernance et de l'étendre à un nombre plus large de situations dans la perspective de mettre un terme aux gangrènes qui rongent nos sociétés. Les scandales n'en finissent pas. Citons quelques récents exemples : l'affaire des commandites par devant la commission Gomery au Canada, E. Jones, Bernard Madoff, Norbourg, la faillite d'Enron aux É.U, le cas de la banque HSBC en Suisse et plus près de nous certains scandales de collusion, de corruption comme en témoigne la Commission Charbonneau au Québec (2012) et plus récemment les scandales au Brésil et celui du Panama Papers.

De plus, les scandales financiers qui ont secoué le monde de la finance un peu partout à travers le monde, la corruption qui a été dénoncée lors du 18e congrès du parti communiste chinois a forcé les nouveaux dirigeants à chercher des solutions pour la combattre. À ce chapitre, la Chine semble ne donner aucune chance aux cadres du Parti qui se font prendre, car une fois jugé coupable, la sentence est presque synonyme de mise à mort. Les allégations, les révélations concernant certaines pratiques dans les relations entre fonctionnaires et entrepreneurs en construction soulevées durant les travaux de la Commission Charbonneau (Québec, 2012), l'utilisation et la répartition des ressources de la planète, les études sur l'environnement, la famine dans certaines régions du monde, le non-respect des droits de l'homme, l'absence de confiance mutuelle, le mensonge, l'égoïsme, le déficit de justice et d'équité, l'absence d'exemplarité, etc., autant de sujets qui nous interpellent et nous offrent l'occasion d'approfondir la recherche sur le thème : GOUVERNANCE ou plus précisément la BONNE GOUVERNANCE.

Qu'entend-on par BONNE GOUVERNANCE ?

En voulant donner une définition au mot gouvernance, il nous apparaît nécessaire de souligner qu'il n'y a pas unanimité autour d'une définition théorique standard du terme. Björk et Johansson diront qu'« *il existe presque autant de concepts* [définitions] *de gouvernance que de chercheurs dans le domaine*[44] ». Certains auteurs comme Mazouz et Comeau avancent que le concept de gouvernance est devenu polysémique (se dit d'un mot ayant plusieurs sens). Un autre auteur soulignera que la gouvernance est une réalité compliquée que les universitaires et les praticiens cherchent encore à éclaircir. Utilisé dans divers contextes allant de la politique en passant par la finance, la santé, utilisé également dans les relations internationales, l'écologie, la gestion

---

44 Marc Huffy, Jeux de gouvernance : Regards et réflexions sur un concept, Éd. Paris : Karthala, 2007

des organisations qu'elles soient publiques, communautaires, religieuses ou privées, le thème gouvernance, comme le souligne Christian Chavagneux : «*paraît encore flou, en dépit d'une abondante littérature et d'une revue qui lui est même entièrement consacrée.*» On lui colle toutes sortes de synonymes comme régime, ordre mondial, éthique, saine gestion, lutte contre la corruption, gouvernement ou administration publique. Malgré ce flou, G. Hermet et A. Kazancigil nous disent «*Il n'empêche que la gouvernance existe*[45].» S'attarder un peu sur le sujet en recensant certaines définitions proposées par-ci, par-là pour notre édification sans entrer dans les différenciations et explications pourrait s'avérer fastidieuse et confuse. La multiplicité des définitions ne semble pas déranger quelqu'un comme Richard Stren de l'Université de Toronto qui écrivait dans un article sur la gouvernance urbaine : «*Votre définition ou votre utilisation du terme gouvernance a autant de valeur que la mienne, pourvu que vous puissiez défendre votre point de vue*[46].»

En lieu et place, il convient donc de vous parler, à notre humble avis, de structure de gouvernance que de gouvernance tout court laquelle reste un concept théorique. En recoupant et en croisant les différentes définitions de la bonne gouvernance, certains éléments se détachent de l'ensemble et le tableau suivant nous offre un portrait des différents éléments qui entrent dans la composition de la bonne gouvernance et qui en constituent ses piliers. Cette liste n'est pas exhaustive, d'autres variables pourraient être ajoutées.

45 G. Hermet, A. Kazancigil et J-F Prud'homme, La gouvernance, un concept et ses applications,
46 Richard Stern

Tableau I

À la vérité, au stade de la connaissance actuelle, une bonne gouvernance ne sera effective dans son application qu'à travers une structure organisationnelle fiable et fonctionnelle quelle qu'en soit sa mission. La bonne gouvernance se mesurera à partir de la qualité de la gestion et des résultats obtenus par les dirigeants et les autres acteurs organisationnels. Pour la richesse du débat, nous vous offrons ici une définition de la structure de la bonne gouvernance :

«La structure d'une bonne gouvernance construit sa fondation sur le droit et sur des valeurs qui encouragent le développement et la participation objective d'une pluralité d'acteurs en vue d'arriver à un consensus satisfaisant l'intérêt collectif, facilitent la négociation, le partenariat, la coordination et le rendre compte».

Cette définition trouve son assise et sa pleine signification dans un système politique appelé démocratie, laquelle, si elle est véritablement appliquée, garantit les droits et la participation de tous. Un tel régime politique dans ses éléments constitutifs ouvre plus facilement la porte à l'instauration d'une bonne structure de bonne gouvernance de nos organisations et institutions. À condition, bien sûr, que les acteurs qui sont appelés à jouer leur rôle dans cette nouvelle construction fassent preuve d'intégrité, d'éthique, de transparence, d'efficience, d'équilibre, d'équité, de moralité, de collaboration et possèdent les connaissances et compétences nécessaires et appropriées. Il est nécessaire, alors, d'intégrer, de posséder et de promouvoir ces valeurs qui créent la confiance, permettent de gagner du respect et qui font partie de la bonne gouvernance.

La bonne gouvernance englobe et s'intéresse à tous les termes contenus dans le tableau 1 et exige qu'on en tienne compte dans sa mise en application. Ces termes constituent des références quand vient le moment d'analyser si les ingrédients d'une bonne gouvernance sont bien présents ou pas dans une organisation donnée.

Une bonne gouvernance, quelque soit l'organisation (privée, publique, religieuse, à but non lucratif, communautaire), est surtout fondée sur les valeurs identifiées plus haut comme des piliers sur lesquels elle se structure. Nous les considérons comme indispensables pour l'excellence de la qualité de la gestion.

La bonne gouvernance comme pratique incontournable

Certains pays échouent, des systèmes politiques se sont révélés défaillants, des ministres ou des ex-ministres et des dirigeants d'entreprise obligés de démissionner ou trainés devant les tribunaux, tel est le constat qui perdure jusqu' à aujourd'hui. Une analyse sommaire de cet état de fait est tout simplement le résultat d'une absence de justice dans la conduite de la gouvernance. Or une bonne et saine gouvernance ne peut faire l'économie de la justice. Si l'état de la gouvernance en Haïti continue de faire le chou gras des analystes, des penseurs, c'est parce qu'il y a absence de volonté politique de faire appliquer et de faire respecter la Loi et les règlements en la matière. L'incapacité des dirigeants à rechercher l'équilibre entre les acteurs sociaux en vue de protéger les plus faibles et les structures étatiques de l'appétit vorace des requins financiers ou des voleurs à cravate est très palpable. Dans le cas d'Haïti, CPI Transparency International note : *La corruption est très ancrée dans l'histoire de ce petit pays des Caraïbes. Les affaires louches et les crimes vont bon train dans les villes et les villages de ce pays où le taux de chômage est le quatrième plus élevé de la planète. Le gouvernement est bien sûr largement touché et ceux qui osent se plaindre se retrouvent facilement derrière les barreaux.*

Aujourd'hui, ils sont peu nombreux, les pays qui n'ont pas fait la manchette des journaux concernant la corruption et la collusion des fonctionnaires et responsables politiques. La situation financière des pays comme la Grèce, l'Espagne est là pour nous rappeler combien il est important d'avoir dans les allées du pouvoir des hommes et des femmes compétents et ayant un souci constant de prendre et d'appliquer des décisions objectives, à court, moyen et à long terme, pour l'avancement du pays. Pour aider tout le monde à tirer profit de l'économie de marché, on devrait retrouver au niveau du pouvoir en Haïti des hommes et des femmes capables d'analyse et de décision juste, doués d'un bon esprit de jugement et vigilants. Comme responsables et ayant du potentiel, ils doivent jouer un rôle très important quant à la gestion de la monnaie, le contrôle du crédit, le bon fonctionnement des services publics, l'application de politiques économiques adaptées, une bonne analyse de leur environnement global, l'adoption de bons moyens de communication, etc. en vue de trouver la route qui nous mène sur la voie du développement économique. Il leur incombe également de surveiller les positions dominantes de façon à exclure les monopoles et les cartels, éliminer toute barrière administrative faisant obstacle aux petits d'entrer dans la catégorie des grands. Ils doivent mettre en place les structures et les compétences appropriées pour faire appliquer et respecter les Lois et les règles, lesquelles doivent être les mêmes pour tous et appliquées à tous. Si le parti-pris perdure, si nos dirigeants persistent à entretenir le favoritisme et la discrimination, notre calvaire durera encore longtemps.

La saine gouvernance n'a peut-être pas de réponse à tous nos maux dans un monde de plus en plus complexe et difficile à gérer. Il n'existe pas de réponse facile à ces préoccupations. Certains vous diront même qu'on ne cessera de légiférer en matière d'intégrité et la nature humaine étant ainsi faite, certaines personnes réussiront toujours à contourner les règles. Quand la perversité l'emporte sur la bonne gouvernance, les gens perdent confiance. Cependant, il ne faut pas baisser les bras, car la lutte pour instaurer une bonne gouvernance au sein de n'importe quelle institution est une lutte quotidienne et incessante que nous devons mener si nous voulons restaurer et préserver la confiance au sein de nos institutions respectives et s'assurer que nos comportements correspondent aux valeurs que partage la société et aux attentes du public que nous desservons.

Pourquoi la bonne gouvernance est-elle si importante et avantageuse ? La bonne gouvernance n'est pas une fin en soi, mais plutôt un processus juxtaposé à un ensemble de pratiques qui permettent aux organisations d'atteindre leurs objectifs, de remplir leur mission dans le cadre des valeurs et standards qui satisfont les besoins de la grande majorité.

De façon générale, constate l'Institut de la Gouvernance,

une gouvernance efficace lorsqu'elle est bien faite :

Favorise la confiance dans l'organisation et chez ceux qui y travaillent ;

- Améliore le moral du personnel et des partenaires ;

- Améliore les services au public et aux intervenants ;

- Améliore la prise de décision et la qualité de ces décisions ;

- Améliore la perception de l'organisation auprès des citoyens et des parties prenantes ;

- Permet de gagner du respect ;

- Améliore la stabilité financière.

Le même constat devrait être observé dans la bonne gouvernance d'un pays. D'autant plus, elle renforce la stabilité du pays, ses institutions et la confiance du peuple dans ses dirigeants.

Elle améliore l'image et la crédibilité du pays auprès des instances internationales et des pays amis. Elle renforce la sécurité et invite à la participation dans les affaires de la cité. Qui dit participation, dit également croissance de la production des produits et services dont Haïti a si cruellement besoin. Elle permet à l'État d'instaurer un climat plus favorable à l'intégrité et du même coup de réduire à sa plus simple expression la corruption dans nos organisations. Elle a le mérite de clarifier la séparation des pouvoirs et dissiper toute confusion au niveau des missions et mandats des entités étatiques.

Les barrières empêchant la mise en place d'une bonne gouvernance en Haïti

Les barrières sont nombreuses et elles risquent de tenir bon pour un bon moment si rien n'est fait pour les déraciner.

Le temps est notre principal ennemi.

Ces barrières sont connues comme suit :

- Impossibilité de savoir avec certitude dans quel régime politique nous vivons en Haïti. C'est difficile de raisonner sur un contexte qui n'est pas clair et défini. Pour y remédier : le régime politique qu'il soit démocratique, socialiste, communiste, régime islamique, ou régime monarchique,... doit être instauré et accepté légitimement par voie élective ou par voie référendaire de sorte que le peuple puisse faire son choix en toute liberté et en connaissance de cause et éviter toute sorte de déconvenue, malentendu ou amalgame.

- L'ambiguïté entretenue à propos de la Loi mère. La Constitution doit être un instrument institutionnel clair, limpide, compréhensible, et accessible par tous les Haïtiens et Haïtiennes puisque c'est elle qui régit l'organisation politique du pays.

- La gérance défaillante du système judiciaire et ses composantes : le corps législatif, la police, les acteurs responsables de la gestion du droit, les tribunaux, la faiblesse de la régulation juridique, et peut-être la nature de l'enseignement dispensé au niveau des écoles de formation et de l'enseignement du droit. La fameuse phrase : « l'enquête se poursuit » prononcée régulièrement longtemps après un assassinat, un kidnapping ou autres incidents devant être traduits en justice donne une bonne idée des carences du système de justice.

- Mauvaise préparation pour gérer le changement vers la démocratie.

- Défaillance du système éducatif peu adapté aux besoins réels du pays.

- L'inadéquation entre le système éducatif à tous les niveaux et les besoins de développement de la population.

- La corruption, la collusion, l'inefficience de l'administration publique, le manque de transparence.

- La faiblesse des organes de surveillance et de contrôle de nos institutions

- L'absence d'éducation civique au niveau de l'enseignement primaire, secondaire et universitaire

- La piètre qualité de la formation et des compétences des ressources humaines. L'idéal est de retrouver la bonne personne à la bonne position dans l'organisation avec les compétences appropriées

- L'absence de valeurs partagées à tous les niveaux de la vie nationale.

- L'impunité.

- Le refus de rendre compte ou refus d'être imputable.

Cette liste non hiérarchisée, sûrement non-complète, nous montre déjà, à bien y réfléchir, le travail herculéen à effectuer quant à la mise en place d'institutions et d'organisations politiques, sociales et économiques à réformer ou à construire avec des structures fortes et responsables devant servir de rempart à la fois contre les germes du sous-développement et en même temps d'instaurer des assises solides pour la mise en place d'une bonne gouvernance.

Notons que la bonne gouvernance n'est pas une vue de l'esprit, et ne se fait ou ne s'opère dans un vide. Elle doit être visible de façon permanente dans toutes les prises de décisions de gestion à tous les niveaux de l'activité nationale. Faute d'accorder une très haute priorité et une attention soutenue à la bonne gouvernance dans les affaires de la cité, nous courrons le risque de continuer à gaspiller nos maigres ressources qui sont déjà très rares, de consacrer des sommes considérables à éteindre les feux, à réagir aux événements qui nous accablent au lieu de les prévenir. Déjà, la ministre de l'Économie et des Finances Mme Marie Carmelle Jean-Marie, constatait dans une entrevue à Radio-Métropole le 7 janvier 2012, la carence au niveau de nos ressources humaines et sur le manque de personnel local qualifié tant dans l'administration publique que dans le secteur privé pour expliquer notre incapacité à tirer un meilleur profit des fonds de la reconstruction. C'est une problématique à laquelle nous devons prêter une attention toute particulière et la placer au haut de la liste des priorités nationales.

De plus, il ne faut jamais perdre de vue que la bonne gouvernance intéresse toute la population, c'est-à-dire nous qui avons un rôle et une responsabilité au sein d'une organisation et également envers l'environnement. Nous sommes toujours en interaction avec plusieurs autres parties prenantes (famille, croyants, clients, patrons, collègues, fournisseurs, partenaires, organisations publiques ou privées, etc.) et chacune de ces parties a des attentes légitimes vis-à-vis de vous et vice-versa. D'où la nécessité de travailler ensemble, d'intégrer, de posséder et de promouvoir des valeurs qui créent la confiance, qui permettent de gagner du respect et être partie prenante de la bonne gouvernance.

Nous terminons cette réflexion, en reprenant une question qui semble revenir continuellement dans les discussions sur la problématique haïtienne et qui est d'une grande importance pour ne pas dire un incontournable dans la conduite d'une bonne gouvernance. C'est la question du leadership. Nous entendons souvent cette phrase : Haïti manque de leaders ou souffre d'un déficit de leadership.

En effet, le leadership constitue un enjeu central dans notre quête de trouver des solutions durables aux défis auxquels nous sommes toujours exposés depuis le début de notre indépendance. Point n'est besoin ici de revenir sur le passé puisque nous ne pouvons pas le changer mais, si vraiment nous pouvions surmonter nos préjugés, nos différences, nous pourrions collectivement influencer le présent et l'avenir dans l'optique de vivre autrement et de faire les choses autrement.

Ce n'est un secret pour personne car nombreux sont ceux qui élèvent leur voix pour dire qu'Haïti souffre d'un déficit de leaders. Nos institutions, nos organisations en manquent cruellement tant en qualité qu'en nombre. Nous ne pouvons plus nous contenter de soulever les problèmes, les questions, les interrogations, lancer nos opinions sans prendre le temps de les analyser, les approfondir, de les traiter et idéalement dégager des réponses satisfaisantes pour le bien de tous. Que faut-il faire devant ce déficit de leadership?

Tout d'abord, nous ne devons pas confondre chef de bande, chef de gang, chèf lakou avec le mot leader car certaines caractéristiques sont recherchées chez le leader. Bien sûr, la littérature déjà très abondante distingue différents types de leader. Le but de notre réflexion ne vise pas une étude théorique sur le leadership et par ricochet sur le leader dans la mesure où les ouvrages sur les deux concepts sont nombreux et bien documentés. Notre préoccupation repose surtout sur ce besoin urgent et même très urgent de produire des leaders compétents. Qu'entendons-nous par leaders compétents? Ce sont des Haïtiens et des Haïtiennes qui aiment leur pays et leurs concitoyens, qui possèdent, entre autres, les connaissances intellectuelles, scientifiques, politiques et techniques appropriées dans leur domaine d'action, capables de les utiliser proprement dans la prise de décision et dans la résolution de problèmes. Cependant, ces qualités sont insuffisantes. Un leader compétent doit faire la démonstration additionnelle qu'il est porteur d'un certain nombre de valeurs comme la justice, l'intégrité, l'équité, la responsabilité sociale et environnementale, l'éthique, l'honnêteté, la transparence, le respect, l'obligation de rendre compte. Non seulement il doit être porteur de ces valeurs, mais les défendre dans sa vie de tous les jours quand vient le moment de se mettre debout pour les faire valoir avec courage et ténacité.

En effet, pour produire ce bassin de leaders compétents et engagés, les experts suggèrent que l'éducation au leadership devrait commencer par l'éducation civique dont l'objectif est de créer et de maintenir à tous les niveaux cet esprit, ce sentiment d'appartenance à la terre natale. Toujours selon ces experts, les programmes scolaires devraient faire la promotion de l'enseignement du leadership au niveau primaire, secondaire et universitaire. Ces programmes devraient contenir un aspect pratique sous forme de projets réalisables et profitables pour la communauté. De telles initiatives donneraient aux futurs leaders l'opportunité de développer leur conscience sociale et environnementale, leur esprit d'initiative et d'apporter une contribution constructive à leur milieu.

Nous ne prétendons pas que les propositions et analyses présentées dans cette réflexion suffiraient à identifier tous nos maux et répondre à toutes nos interrogations concernant notre pays, mais disons simplement que tout bon point de départ dans nos démarches exige que notre société soit transformée en un lieu où opère la justice. Hors d'elle, point de salut, point de consensus, point de progrès...

D'elle découle tout le reste dans la mesure où nous la considérons comme la fondation incontournable et immuable de la démocratie. Aujourd'hui, nous sommes à la croisée des chemins. Le monde change autour de nous et nous n'aurons d'autre choix que d'explorer collectivement de nouvelles voies, d'embrasser de nouvelles valeurs, de provoquer la réforme, d'oser, de rejeter le *statu quo*. Gardons en tête cette expression : *Qui n'avance pas, recule.*

La table est maintenant mise pour un véritable dialogue national, le vrai. Nous devons ensemble sortir des sentiers sclérosés et entreprendre ensemble cette réflexion, qui précède toute stratégie de développement, toute politique de progrès, toute mise en place de moyens, de façon à transformer pour le bien de ses enfants, ce pays que nous chérissons : Haïti. L'action sans une réflexion profonde, sérieuse et juste sur les enjeux qui bouleversent Haïti est aveugle.

Hommage aux aînés

Je ne pourrai terminer cette réflexion sans rendre un hommage bien mérité et une tribu de reconnaissance à tous ceux et celles qui y ont contribué à un degré ou un autre. Je commence par remercier mes parents Agilia et Léon qui m'ont mis au monde, m'ont nourri et m'ont ouvert les portes de l'instruction. Ces reconnaissances s'étendent également à ma feue cousine Madame de son vrai nom Cléomie Milfort. Elle était propriétaire et directrice de l'école notre Dame-du-Cap située à la rue des Césars (P-au-P, Haïti) où une pléiade d'hommes et de femmes y compris l'auteur et ses sœurs ont reçu généreusement durant leur enfance, les bases de leur formation et de leur éducation. Elle faisait partie de ces leaders inconnus qui formaient et encadraient les jeunes générations pour affronter les défis du lendemain. Elle était une grande visionnaire et était en avance sur son temps. Sur le plan social, la générosité de Madame se mesurait à l'aune de ces démunis qui venaient chez elle afin d'assouvir leur faim. Son sens élevé de la discipline, du devoir accompli et des valeurs ont largement influencé mon comportement dans la vie. Je veux également souligner la contribution ô combien précieuse de mes cousins et cousines : les Médor. Leurs cahiers de note, leur bibliothèque, leur encadrement m'ont été d'une grande aide au cours de ma vie.

Mon parcours de l'enfance à l'âge adulte est constitué de rencontres au cours desquelles des hommes et de femmes d'une grande valeur intellectuelle et morale ont nourri mon système cognitif, m'ont fait cadeau de leur temps en partageant avec moi leur savoir et leur expérience. Grâce à leur générosité et à leur leadership, j'ai pu avoir accès à des niveaux de connaissances et d'expériences inespérées. Ils étaient là pour moi et j'en suis infiniment reconnaissant.

Je veux redire merci spécialement à M. Brisebois et L. Lepage, mes anciennes directrices générales. Ces deux leaders de la fonction publique fédérale canadienne ont fait preuve de grandes compétences imprégnées de civilité, de compréhension et d'ouverture dans leur relation avec autrui surtout vis-à-vis de l'étranger venant d'horizon différent. Elles avaient du caractère et tout ce qu'elles faisaient en milieu de travail se situait dans les balises imposées par l'éthique et la morale. Je suis fier que la vie m'ait permis de les rencontrer et d'avoir travaillé pour elles et avec elles. Des personnes comme Mesdames Brisebois et Lepage sont rares et on ne les rencontre pas à chaque carrefour.

C'est le moment de revenir sur mon séjour de 15 ans à l'Électricité d'Haïti, au cours duquel, des aînés, entre autres, l'ingénieur J. C. Souriac, l'ingénieur G. Nicolas ont été des modèles pour beaucoup d'entre nous fraîchement diplômés de la Faculté des sciences. Ce qui est fascinant et qu'on retiendra de leur prestation à l'Électricité d'Haïti, c'était leur souci constant de bien servir le public et leur fierté, affichée avec humilité, de s'assurer que l'entreprise fonctionne au bénéfice de tous. Une partie importante de la mémoire organisationnelle s'en est allée avec le départ parfois forcé de ces techniciens bien formés qui sûrement n'avaient que l'idéal de bien servir leur pays. Nous avons bénéficié de votre leadership et de votre savoir-faire. Messieurs ! Soyez ici grandement remerciés !

Je m'en voudrais de clore cet hommage de reconnaissance aux aînés sans souligner l'apport combien précieux et énorme fourni à la vie organisationnelle d'Électricité d'Haïti, par un homme, un géant du nom d'Alix Cameau. Ingénieur de haut rang, Cameau a gravi tous les échelons au sein d'Électricité d'Haïti pour clôturer sa longue carrière de 44 ans au titre de directeur général. J'ai eu le grand privilège de me retrouver à deux reprises sous son autorité une fois à titre d'ingénieur au département des lignes (réseau de distribution électrique), une seconde fois comme chef du centre de formation (CFPP) de l'entreprise. Durant ces deux séjours sous sa gouverne, il a été pour moi un conseiller, un mentor et je n'étais pas le seul, d'autres bénéficiaires peuvent en témoigner. Il a influencé et aidé plusieurs générations à poursuivre leur carrière et leur rêve au sein de l'Institution. Quand quelqu'un avait une question d'ordre technique, Cameau ne se contentait pas de vous répondre uniquement sur le champ, mais le lendemain, il vous remettait une réponse écrite bien structurée et documentée de 4 à 6 pages et parfois plus. Ces réponses étaient compilées et distribuées à tous ceux et celles qui réclamaient une copie. Certains désignaient ses écrits sous le titre : *Les épitres de Cameau.*

Cet homme consacra sa vie à la bonne marche de l'Institution et faisait d'elle sa seconde demeure. Ce qu'on retiendra surtout de lui c'est sa discipline, (toujours présent avant 7h00 a.m.). Il ne marchandait pas ses heures de travail en cas de mauvais temps, ou dans des circonstances qui réclamaient une intervention immédiate. On se souviendra également de son esprit d'appartenance, son souci de servir, sa grande curiosité intellectuelle, sa volonté de faire progresser l'Électricité d'Haïti dans un environnement qui n'était pas toujours de tout repos. Comment immortaliser la mémoire d'un tel homme? Nous espérons un jour que le pays érigera sa statue en reconnaissance de sa grande et pertinente contribution au développement de l'énergie électrique en Haïti.

ANNEXES

Annexe I

Simples réflexions

On me répète à longueur de journée : « M. de Ronceray nous ne comprenons plus rien à ce qui se passe aujourd'hui dans la politique haïtienne ». Moi je réponds le plus simplement du monde : « *Pour comprendre un peu le système politique haïtien, il faut effectuer un plongeon dans nos résistances culturelles, dans notre système de valeurs* ».

Une collectivité socialisée dans le mensonge, l'égoïsme, allergique à l'organisation, à l'ordre et à la discipline est condamnée à l'ingouvernabilité.

L'acculturation de nos élites dans d'autres civilisations ne s'effectue que très lentement sur deux ou trois générations. Aussi un changement d'équilibre et de structure s'avère-t-il difficile à implanter et à intérioriser. Nos dirigeants, prisonniers des traditions ancestrales et magico-religieuses, privilégient le bluff et l'hypocrisie. N'ayant pas le sens du collectif, ils divisent pour régner, mettent en quarantaine l'intérêt national au bénéfice de la redondance du coffre-fort personnel. Ils se gargarisent de discours sur un contrat social, un pacte social, un projet commun pour le développement d'Haïti, tout en avilissant le plus important des contrats : la Constitution de 1987.

D'une génération à l'autre les gouvernants perpétuent l'art de s'enrichir vite pour éviter de souffrir plus tard, pour garantir une assurance-vie à leurs proches et préparer leur belle mort quand ils y pensent. Tout se ramène finalement à la priorité des ambitions personnelles, du sauvetage individuel.

Coincé et noyé par la loi de la médiocrité, chacun griffonne son petit papier baptisé de projet-programme, ignore délibérément celui du voisin, se définit comme la solution absolue et projette finalement l'image du panier de crabes. Les rares valeurs qui parviennent à s'échapper de la mare aux grenouilles se retrouvent seules, incomprises de la majorité, combattues, paralysées, persécutées et impuissantes.

Notre société est bloquée à l'intérieur par ses charges affectives et émotionnelles, le poids du passé, la méfiance, le fatalisme, autant de facteurs qui la maintiennent dans une permanente crise de leadership, en marge d'un système démocratique qui requiert l'ouverture vers les autres, la tolérance, la complémentarité des compétences. Haïti est bloquée à l'extérieur par son refus des règles conventionnelles internationales. Inorganisée et sans projet commun, sa crise s'approfondit chaque jour avec le décalage croissant entre la majorité qui produit et ne consomme pas et la minorité parasite qui consomme mais ne produit pas. Haïti demande la charité. Sa survie dépend à 70 % des décisions de la communauté internationale.

Port-au-Prince
le 2 février 2003

Hubert de Ronceray

Annexe II

Courrier du Dr Volvick R. Joseph à Maître Serge H. Moïse

From: Volvick Remy Joseph <vickrj2000@yahoo.com>
Subject: Fw: [Forum culturel] Et voilâ
To: cabiinetmoise@gmail.com, « Maurice Celestin » <Lechapeauteur@yahoo.com>
Date: Monday, June 25, 2012, 11:50 PM

Mon cher ami,

C'est peu de te féliciter pour la constance de tes poèmes journaliers, porteurs d'un message social, à tous les coups, et de suggestion visant le redressement, ou mieux la correction d'une faute, d'une omission ou d'une indifférence accusatrice du comportement du nanti ou du possédant contre toute une catégorie sociale qui cache mal sa souffrance ou ses douleurs.

Tu évoques le Dialogue national. Je suis parmi les premiers à y avoir pensé et à tirer inlassablement la sonnette d'alarme, allant jusqu'à demander, et de manière itérative, à la Conférence épiscopale, l'une des forces morales du Pays, d'en prendre l'initiative.

L'Histoire retiendra, à la gloire du Président provisoire, Me Boniface Alexandre, qu'une Commission fut officiellement formée avec des représentants authentiques de secteurs clés de la Nation et présidée par feu l'Archevêque François Gayot. Pour avoir activement participé à ces travaux, je puis affirmer que le Rapport de la Phase préparatoire du Dialogue National, a été officiellement remis au Président Préval, conclusions et recommandations incluses.

Et depuis, le rideau est tombé. Un rideau noir, mais dont l'épaisseur ne saurait constituer un obstacle dirimant à la reconstitution du dossier. Vu l'importance du sujet, il est hautement souhaitable que le Président Martelly s'y intéresse. Car, ces travaux ont eu un coût; les doléances et opinions des couches sociales du Pays et de la Diaspora sont consignées et traitées; autant dire que le pays était prêt à entamer la deuxième phase du Dialogue National, appelé à servir d'exutoire indispensable à la Réconciliation Nationale, pour la relance de notre Pays, vers le Développement tant souhaité. Alors, l'on n'aurait point à repartir à la case départ, comme si le pays est condamné à tout reprendre ou recommencer, avec l'avènement de chaque chef d'État, sur la base du slogan: « Avant nous, il n'y avait rien » ou encore: « Nous avons trouvé les caisses de l'État vides, l'on est parti avec l'argent. »

N.B. Notre ami Maurice, doit participer sous peu, à une cérémonie où l'attendent des amis qui voudraient avoir mon dernier ouvrage. Je te saurais gré de lui remettre ce qu'il t'en reste. Avec tous mes remerciements. Je t'appellerai encore à ce sujet, pour rappel.

Annexe III

<u>Liste des partis politiques haïtiens avec la lettre D dans leur sigle</u>

ADEBHA : Action Démocratique pour bâtir Haïti

ADRENA : Alliance <u>démocratique</u> pour la réconciliation nationale

CONACED : Coalition nationale des partis politiques alignés du centre <u>démocratique</u>

EDEM : Élan <u>démocratique</u> pour la majorité

FDHI: Force démocratique haïtien intégré

FNCD : Front national pour le changement et la <u>démocratie</u>

KID : Konvansyon Inite <u>Demokratik</u>

MDRH : Mobilisation <u>démocratique</u> pour le développement d'Haïti

MDRF : Mouvement <u>démocratique</u> et réformateur haïtien reconnaissance

MIDH : Mouvement pour l'instauration de la <u>démocratie</u> en Haïti

MODEREH : Mouvement <u>démocratique</u> et renforcement haïtien

MODEP : Mouvement <u>démocratique</u> populaire

MODELH : Mouvement <u>démocratique</u> pour la libération d'Haïti

MONDD : Mouvement national pour la démocratie et le développement

OPDH : Organisation pour la <u>démocratie</u> en Haïti

PADEMH : Parti des <u>démocrates</u> haïtiens

PDCH: Parti <u>démocratique</u> chrétien d'haïtien

PDI : Parti <u>démocratique</u> institutionnaliste

PNDPH : Parti national <u>démocratique</u> progressiste d'Haïti

PSDH : Parti social-<u>démocrate</u> haïtien

RANDEVOUS : Rassemblement des nationaux <u>démocrates</u> volontaire pour l'unité salvatrice

RDC : Rassemblement des <u>Démocrates</u> Chrétiens

RDNP : Rassemblement des <u>démocrates</u> nationaux progressifs

RDR : Rassemblement des démocrates pour la République

UCADE : Union des citoyens haïtiens pour la <u>démocratie</u> le développement et l'éducation

UNDH : Union nationale des <u>démocrates</u> haïtiens

UNFD : Union nationale des forces <u>démocratiques</u>

À ceux-là ajoutons deux autres partis politiques qui n'ont pas de D mais qui renferment... (Voir mot souligné).

KONAKOM : Congrès national des mouvements <u>démocratiques</u>

FUSION : Parti fusion des sociaux-<u>démocrates</u>

Bibliographie

Boisvert, Yves. et al, *Éthique et gouvernance publique : principes, enjeux et défis*, Ed. Liber, 2011

Brault, B., *Le cadre de saine gestion, un modèle de gouvernance intégrée*, Publications CCH Ltée, 2007

Brault, B., *Exercer la Saine Gestion : Gouvernance, Éthique managériale et Audit de Saine Gestion*, Publications CCH Ltée, 2011

Le Cardinal, G. et al, *La dynamique de la confiance*, Éd. Dunod, 1997

Hufty, M. et al. Jeux de gouvernance : *regards et réflexions sur un concept*, Éd. IUED, Paris : Karthala, 2007

Hermet, G., Kazancigil, A. et Prud'homme J-F., *La gouvernance, un concept et ses applications*, Éd. Karthala, 2005

Fontus, Fritz, *Conflits de valeurs*, Éd. Farel (France) 2004

Savater, Fernando, *Éthique à l'usage de mon fils*, p. 23, Éd. du Seuil (France) 1994

Arendt, Hannah - 1906-1975 - *Les origines du totalitarisme*, Tome 3 : Le Système totalitaire – 1951

Arendt, Hannah - *Du mensonge à la violence*, Pocket Hannah Arendt (1906-1975), Éd. Pocket.

John Rawls, *Théorie de la justice*, Éd. Points

Duluc, Alain, *Leadership et confiance*, Éd. Dunod, 2008

Lesourne, J., *Démocratie, marché, Gouvernance, Quels avenirs?*, Éd. Odile Jacab, 2004

Henein, Amal, Leadership : *sagesse, pratique, développement : une recherche d'envergure sur l'exercice et le développement du leadership au Canada/* Éd. Université de Sherbrooke, cop. 2007

Picaudou, Nadine, *L'islam entre religion et idéologie* : essai sur la modernité musulmane 1951- Éd : Gallimard

Edmund, Burke, *On Government, Politics and Society*, B.W. Hill, NY, International Library, 1976

Meynaud, J., Lancelot, A., *Les attitudes politiques*, Éd. PUF, 1962

Covey, S.M.R., *Le pouvoir de la confiance*, Ed. First, 2008

Heinl, R. D. et Heinl, N. G., *Written in blood: the story of the Haitian people, 1492-1995*, Éd.: Lanham Md: University Press of America

Duverger, M., *Les régimes politiques*, Éd. : PUF, 1965

Arendt, Hannah, *Qu'est-ce que la politique ?*, 1995, Éd. du Seuil

Secong, Louis, *La Bible*, Éd. Internationales Vie, 1980

Articles consultés

- Haïti : Vivre à Cité Soleil, paru en date du 28 novembre 2013 sur Radio France internationale (RFI)

- Article du 29 septembre 2016 titré : L'ambassadeur de Suisse tape les ONG en Haïti, source le Nouvelliste

- Letourneau E., La gouvernance publique : perspectives juridiques, 2007

- Liliane Pierre-Paul, « La Grande Manip » Radio Kiskeya, janvier 2011

- H. de Ronceray, Simples réflexions, Journal Haïti-Observateur, février 2003

- Dulce Maria Cruz Herrera, La crise démocratique haïtienne : l'anéantissement d'un peuple, source : Observatoire des Amériques, Avril 2004